H. Kanies · »Sarret ährlich«

Helga Kanies

»Sarret ährlich“

Die Sprache im Ruhrgebiet

KOMET

www.komet-verlag.de
Covermotiv: © CORBIS
Gesamtherstellung: KOMET Verlag GmbH, Köln
ISBN 13: 978-3-89836-628-1

Vorwort

Das Ruhrdeutsch ist seit eh und je eine lebendige und schillernde Sprache, die schneller und offener als Hochdeutsch auf Einflüsse verschiedener Art reagiert. Damit ist es zugleich ein historischer Spiegel der Region, der hier arbeitenden Menschen und ihrer wechselvollen (Industrie-) Geschichte.

Selbstverständlich ist, daß das Ruhrdeutsch viele Worte und Wendungen u. a. aus dem Jiddischen, aus der polnischen Sprache und regionalen Varianten, wie dem Oberschlesischen, und natürlich aus den bodenständigen Dialekten Niederdeutsch und Westfälisch übernommen hat. Diese hat sie mit dem Hochdeutschen zu einer starken, neuen Sprache verschmolzen.

Zugleich ist das Ruhrdeutsch so vielschichtig wie die Menschen der Region und ihre Beziehungen zueinander. Dies wiederum kann man nur begreifen, wenn die Ruhrgebietssprache auch in dieser Komplexität wiedergegeben wird. Und genau das macht Helga Kanies: Sie entreißt die Sprache nicht ihrem Lebenszusammenhang, sondern erfaßt sie in ihrer ganzen Lebendigkeit und spontanen, auch emotionalen Ausdruckskraft. Mehr noch: Sie verdichtet die Besonderheiten der Aussprache und des Wortschatzes so, daß die vielfältige situationsbezogene Anwendung in ihrer echten Bedeutung, dem Lebenssinn und Gefühlsgehalt, erst spürbar wird.

Die Autorin hat in ihrer Sammlung der Ruhrgebietssprache in unvergleichlicher Weise all diese verschiedenen Elemente zusammengetragen. Es ist ihr gelungen, ein Stück lebendiger Sprachkultur unseres Landes – das Ruhrdeutsch – unverfälscht wiederzugeben, eben so, wie dies nur eine Sprecherin aus der Region kann. Sie tut dies mit echtem, herzhaftem Engagement und ohne verklärenden wissenschaftlichen Überbau.

Als Sprachpädagoge und Germanist, der es gewöhnt ist, analytisch, also zergliedernd und zerteilend Sprache zu betrachten, halte ich das Buch für vortrefflich in seiner ganzheitlichen, zusammenschauenden, verbindlichen Art.

Dieter Elbe

»Sarret ährlich«

A

Aalskuhle
Jauchegrube
Wenn die Blagen noch lang aufde Bretter vonne Aalskuhle rummwetzen, dann dauert datt nich mehr lang und se liegen drinn.
Wenn die Kinder noch lange auf den Brettern der Jauchegrube herumrennen, dann dauert es nicht mehr lange und sie liegen in ihr.

Aamd
Abend, siehe: aams

aams
abends
Immer dattselbe mit euch Blagen, aams könnder nich hinein inne Betten und morgens nich heraus.
Immer dasselbe mit euch Kindern, abends könnt ihr nicht hin ein in die Betten und morgens nicht heraus.

Achiele
Essen
Nä, wenn die Achiele inne Kantine nich bald besser wird, dann gippt datt widder en Henkelmann vonne Mamma zu Haus.
Nein, wenn das Essen in der Kantine nicht bald besser wird, wird wieder ein Henkelmann von zu Hause von der Mutter mitgenommen.

Ä

Beginn einer Anrede oder auch ein Füllwort, oder für ›he‹

Ä sach ma, gehße mit inne Disco?

He, sag mal, gehst du mit in die Disco?

Ärpel

Kartoffel

Datte die neuen Ärpel abber dünn schälß, die sind noch ganz schön teuer.

Daß du mir die neuen Kartoffeln aber dünn schälst, die sind noch ganz schön teuer.

Ärpelschlot

Kartoffelsalat

Mach die Majoneese abber selpß, sonß kannße dä Ärpelschlot allein achielen.

Mache die Mayonnaise aber selbst, sonst kannst du den Kartoffelsalat allein essen.

all

schon

Dä Witz dä iss abber uralt, kennich all seit neunzehnhundertelf, da krisse in Kanada all Rente drauf.

Der Witz ist aber uralt, kenn ich schon seit 1911, darauf bekommst du in Kanada schon Rente.

Alsche

Frau (Alte)

Dä Hebbert (Herbert) kann nich mit aufde Kegeltour, seine Alsche hadden widder unterm Schluffen.

Der Herbert kann nicht mit auf Kegeltour, seine Frau hat ihn wieder unter dem Pantoffel.

ambach (was ist)

los (was ist), was gibt es, was liegt an

Watt iss denn gezz einklich ambach, fahrn wir im Urlaup inne Türkei oder widder nach Tunesien?

Was ist denn jetzt los, fahren wir im Urlaub in die Türkei oder wieder nach Tunesien?

andötschen

angeschlagen

Paß auf, datte keine Ware angedreht kriss, die angedötscht iss, du weiß ja, wie schwer datt datt iss, se widder umzutauschen.

Gib acht, daß du keine Ware angedreht bekommst, die angeschlagen ist, du weißt ja, wie schwer es ist, sie wieder umzutauschen.

andüpsen

anfüttern, z. B. beim Angeln oder beim Pokern

Erß hamse mich beim Pokern angedüpst und mich en Haufen Moppen gewinnen lassen, dann hamse mich ausgenommen wiene Weihnachtsgans.

Erst haben sie mich beim Pokern angefüttert und mich eine Menge Geld gewinnen lassen, dann haben sie mich ausgenommen wie eine Weihnachtsgans.

anhauen

ansprechen

Hatt mich doch glatt dä Wimm angehauen, opp ich em en Fuffi pumpen kann!

Hat mich doch glatt der Wilhelm angesprochen, ob ich ihm 50 DM leihen kann!

ankötteln

anscheißen, jemanden verraten, in die Pfanne hauen

Datt iss Schwattmaloche, watte da machß, da könnense dich für ankötteln.

Das ist Schwarzarbeit, die du da machst, dafür kann man dich in die Pfanne hauen.

ankremmeln
sich einen antrinken
Unser Vadder hatt sich vielleicht widder ein' angekremmelt, dadrübber konnt' unser Mudder ga nich lachen.
Unser Vater hat sich vielleicht wieder einen angetrunken, darüber konnte unsere Mutter gar nicht lachen.

anpacken
anfassen
Komm, kannß ma effkes mit anpacken, du stabiler Faulenzer.
Komm, du kannst mal eben mit anfassen, du stabiler Faulenzer.

anströppen
anziehen
Gezz ströpp dich endlich an, weiße, wie spät datt schonn iss, wenne so weitermachß, verpasste noch dein' Bus.
Jetzt zieh dich endlich an, weißt du, wie spät es schon ist, wenn du so weitermachst, verpaßt du noch deinen Bus.

antitschen
leicht anstoßen, z. B. beim Billard oder beim Mikado
Paß auf, datte die Kugel nur leicht antitscht, sonß krisse dä nächste Stoß nich mehr hinn.
Paß auf, daß du die Kugel nur leicht anstößt, sonst bekommst du den nächsten Stoß nicht mehr hin.

Apparillo
großes Etwas, Apparat
Mensch, da hamse abber vort Werktor en Apparillo vonne Skulptur hingeknallt, da weiß keiner, watt die dastellen soll.
Menschenskinder, da haben sie aber einen Apparat von Skulptur vors Werktor geknallt, da weiß niemand, was sie darstellen soll.

Appel
Apfel
Ja, da musse eben innen sauren Appel beißen, bisse ja selpß schuld, datte dä Lappen quitt biss, ne?
Ja, da mußt du eben in den sauren Apfel beißen, du bist ja selbst schuld daran, daß du den Führerschein quitt bist, nicht wahr?

Appelkitsche
Apfelinneres mit Kernen, Überbleibsel des Apfels
Schmeiß bloß die Appelkitsche nich auwen Bürgersteich, da kann einer ganz gemein drübber fallen, wenner ausrutscht.
Werf bloß das Apfelübrige nicht auf den Bürgersteig, darüber kann jemand ganz gemein fallen, wenn er ausrutscht.

appfitschen
schnell laufen, auch: weglaufen
So, gezz fitsch ma app und hol fürn Vadder ne Pulle Bier.
So, nun lauf mal schnell und hole für den Vater eine Flasche Bier.

appfitzen
abschlagen, abhacken
Du kannß doch nich datt bissken Grün auch noch appfitzen, wo ett doch schonn sowieso nich mehr viel vonn gippt.
Du kannst doch nicht das bißchen Grün auch noch abschlagen, von dem es doch schon sowieso nicht mehr viel gibt.

appklabastern
sich ablaufen, der Reihe nach aufsuchen
Ich muß einmal widder die Verwandtschaft appklabastern, ma kucken, watt da so läuft.
Ich muß mal wieder die Verwandtschaft aufsuchen, mal sehen, was sich da so abspielt.

appknabbern
abnagen
Watt habbich früher gerne Kottelettknochen appgeknabbert, abber heut geht datt nich mehr, mitte dritten Beißerkes.
Was hab ich früher gerne Kotelettknochen abgenagt, aber heute geht das nicht mehr mit den dritten Zähnen.

appknöppen
abnehmen
Hamse dä Klaus inne Bar so richtich gefilzt und die Knete appgeknöppt, nich ma datt Moos fürn Bus hadder noch gehappt, abber isser ja selpß drann schuld, ne? Hoffentlich wirder durch dä Schaden endlich ma kluuch.
Haben sie den Klaus in der Bar so richtig gefilzt und das Geld abgenommen, nicht mal die Piepen für den Bus hat er noch gehabt, aber daran ist er ja selbst schuld, nicht wahr? Hoffentlich wird er durch den Schaden endlich klug.

appströppen
abstreifen
Datte abber dä Stielmus richtich appströppß, sonß schmeckter bitter.
Daß du aber den Stielmus richtig abstreifst, sonst schmeckt er bitter.

Arschgeige
Blöder
Sonne Arschgeige, alle Welt weiß, datt seine Olsch übber de Dörfer tackelt, und selpß merkter nix.
So ein Blöder, alle Welt weiß, daß seine Frau über die Dörfer geht, und selbst merkt er nichts.

Arschleder
Schutzleder am Gesäß des Bergmanns
Schonn widder hamse dä Antek datt Arschleder geklaut unter Tage, und wenner datt nich schnell widderkricht, musser wohl bald inne Pämpers.
Schon wieder haben sie dem Anton das Schutzleder gestohlen unter Tage, und wenn er das nicht schnell wiederbekommt, muß er wohl bald in die Windeln.

Aschenkerl
Müllmann
Kannß unsern Aschenkerls ruich ma en paa Moppen geben an Neujahr, du Sparkassengesicht, stellß ja auch so oft watt neben de Tonnen, ne?
Du kannst unseren Müllmännern ruhig mal ein paar Mark zu Neujahr geben, du Geizhals, du stellst ja auch oft etwas neben die Tonnen, nicht wahr?

astkeck
astrein
Ährlich, astkeck, wiede datt widder hinngekricht hass.
Ehrlich, astrein, wie du das wieder hinbekommen hast.

Atsche
Arthur
Middem Achielen wird gewartet, biss datt dä Atsche vonne Schicht kommt.
Mit dem Essen wird gewartet, bis Arthur von der Schicht kommt.

auf Keif
auf Kredit
Hömma, weiße schonn, datt dä Emil nix mehr auf Keif kricht? Dä hatt Schulden wien Staapsoffizier.
Hör mal, weißt du schon, daß der Emil nicht mal mehr einen Kredit bekommt? Er hat Schulden wie ein Stabsoffizier.

aufkröppen
aufregen
Da kröpp ich mich immer wahnsinnich drübber auf, wenn die Herren Politicker datt nich halten, wattse vorde Wahlen versprechen.
Darüber rege ich mich immer wahnsinnig auf, daß die Herren Politiker das nicht halten, was sie vor den Wahlen versprechen.

aufriwweln

aufribbeln, Garn oder Wolle infolge eines Fehlers beim Häkeln oder Stricken wieder in einen Faden verwandeln, und das Ganze noch einmal häkeln oder stricken

Datt hasse gezz davonn, eima nich aufgepasst beim Musterstricken, und schonn kannße datt ganze Gedöns aufriweln.

Das hast du nun davon, einmal nicht aufgepaßt beim Musterstricken, und schon kannst du den ganzen Krimskrams noch einmal stricken.

aufscheppen

auffüllen, sich den Eßteller oder sonst etwas auffüllen

Hm, wa datt lecker, dreima habbich watt aufgescheppt.

Hm, war das schmackhaft, ich habe mir dreimal etwas aufgefüllt.

Aul

Frau

Hasse schomma gesehn, wie dä Kalla seine Aul rummläuft? Aufgedonnert biss geht nich mehr, vorne Museum, hinten Lyzeum.

Hast du schon gesehen, wie Kallas Frau herumläuft? Aufgedonnert bis zum Gehtnichtmehr, vorne Museum, hinten Lyzeum.

auskoddern

sich aussprechen, auskotzen

Mensch, gezz kodder dich ma endlich aus. Wenne A sachß, musse auch B sagen, sonß halt lieber die Gosch.

Mensch, jetzt sprech dich endlich mal aus. Wenn du A sagst, mußt du auch B sagen, sonst halte lieber deinen Mund.

B

Baas

Obmann, Oberster, meist in Vereinen, Verbänden, auch: Familienoberhaupt

Gezz hört auch drauf, watt dä Baas sacht, dä weiß schonn, wadder macht.

Nun hört auch darauf, was der Obmann sagt, der weiß schon, was er macht.

Babbel

vorlautes Mundwerk, Schnauze

Wenn Große sabbeln, hasse dein' Babbel zu halten, iss datt klar?

Wenn Große reden, hast du deinen Mund zu halten, ist das klar?

Babbelken

Bonbon

Gipp datt Kind nich so viel Babbelkes, datt kricht schlechte Beißerkes.

Gebe dem Kind nicht so viele Bonbons, es bekommt schlechte Zähne.

Back

Gefängnis

Ja, und gezz musser inne Back! Datt hadder davonn, wenner kein' Unterhalt zahlt, watt setzter auch Blagen inne Welt, wenner nich löhnen will.

Ja, und jetzt muß er ins Gefängnis! Das hat er davon, wenn er keinen Unterhalt zahlt, warum setzt er auch Kinder in die Welt, wenn er nicht zahlen will.

Bäffken

Pullunder oder Weste

Zieh bloß dein Bäffken an, ett iss kalt draußen.

Zieh bloß deinen Pullunder an, es ist kalt draußen.

Bänksken

Fußbank, kleine Bank

Schiep dä Oppa ma datt Bänksken unter de Quanten, dann spürder nich immer so datt Kribbeln inne Terwen.

Schieb dem Großvater mal die Fußbank unter die Beine, dann spürt er nicht immer so das Kribbeln in den Zehen.

Baffken

arrogantes hochnäsiges Mädchen, oder Frau, hinter der meist nich viel steckt

Hasse datt Baffken gesehn? Stolzt hier rumm, als wennse wer wunders watt wär, abber dahinter steckt ga nix.

Hast du diese Hochnäsige gesehen? Stolzt hier herum, als wenn sie wer wunders was wäre, aber dahinter steckt gar nichts.

Bahei

viel Aufhebens machen um Lapalien

Mensch, mach nich sonn Bahei ummen Fliegenschiß.

Mensch, mach' nicht so viel Aufhebens um nichts.

Bajuffen
Schlitzohren, siehe: Schautermann

Ballermann
Pistole, Gewehr, Revolver
Also, wenn dä olle Krämer noch ma aufde Spatzen schießt middem Ballermann, dann kanner abber watt erleben. Die Tierkes tun doch keinem watt, die wollen doch auch leben, und schlau sindse auch, oder?
Also, wenn der alte Krämer noch einmal auf die Spatzen schießt mit dem Gewehr, dann kann er aber etwas erleben. Die Tierchen tun doch niemandem etwas, die wollen doch auch leben, und schlau sind sie auch, oder?

bandusen
schimpfen, laut sein, Krach schlagen
Kannße nich ma aufhörn zu bandusen, watt sollen die Nachbarn denken?
Kannst du nicht einmal aufhören, Krach zu schlagen, was sollen die Nachbarn denken?

Bangebüx
Angsthase
Nä, watt bisse vonne Bangebüx, sonne große Klappe, abber Schiß vort Gewitter.
Nein, was bist du für ein Angsthase, so eine große Klappe, aber Angst vor einem Gewitter.

Bebaumflitzen (zum)
siehe: Bebaumölen

Bebaumölen (zum)
zum Kotzen, zum Verzweifeln
Ett iss zum Bebaumölen, heut will auch nix gelingen, ich glaup, ich binn middem verkehrten Fuß aufgestanden.
Es ist zum Verzweifeln, heute will auch nichts gelingen, ich glaube, ich bin mit dem verkehrten Fuß aufgestanden.

beide Bahn bringen
vorzeigen, herbringen, an Ort und Stelle bringen
Wenne die Belege nich beide Bahn bringen kannß beim Finanzamt, kannße ma kucken wiede deine Steuern zurückkriss.
Wenn du die Belege nicht vorzeigen kannst beim Finanzamt, kannst zusehen, wie du deine Steuern zurückbekommst.

bekohlen
belügen
Bekohlt hadder dich, vonnwegen Übberschichten, dä geht mit Sicherheit aufde Dörfer, dä Ganhagel.
Belogen hat er dich, wegen der Überschichten, der geht mit Sicherheit dahin, wo er nicht hingehört, das Schlitzohr.

belatschern
bereden, einlullen
Hadder dich widder belatschert, mit inne Kneipe zu gehn?
Hat er dich wieder beredet, mit in die Kneipe zu gehen?

Bello
großer Hund, auch: großer Gegenstand
En Riesen-Bello hatt sich dä Hein angeschaft, musser auch ham, wenne bedenkß, dattse immer mehr auf Trapp sind mitte Einbrecherei.
Einen riesigen Hund hat sich der Hein angeschafft, den muß er auch haben, wenn du bedenkst, daß die Einbrüche immer mehr zunehmen.

bematscht
siehe: beschruppt

Bergmannsspargel
Schwarzwurzeln
Kurz vor Ultimo tudet auch ma dä Berchmannsspargel, iss ja auch schmackes, ne?
Kurz vor dem Ersten tun es auch einmal die Schwarzwurzeln, die schmecken ja auch, nicht wahr?

beschruppt
bescheuert
Bisse beschruppt, so viel Moppen auszugeben, hoffentlich kommße biss am Ersten aus.
Bist du bescheuert, so viel Geld auszugeben, hoffentlich kommst du bis zum Ersten aus.

beseibeln

betrügen, Beschiß

Hamse mich doch beseibelt innem Schlußverkauf mitte Spannbettücher. Abber ich wa auf Zack und happ mitte Gewerbeaufsicht gedroht, weilse sonn Schund auch nich im Schlußverkauf verscherbeln dürfen. Da hamse abber datt Hemd am Flattern gekricht.

Sie haben mich betrogen im Schlußverkauf mit den Spannbettüchern. Aber ich war schlau und habe mit der Gewerbeaufsicht gedroht, weil sie so einen Schund auch nicht im Schlußverkauf verkaufen dürfen. Da sind sie aber nervös geworden.

bestußt

doof, dumm

Wie könnense nur so bestußt sein und sich middem Kredit-Hai appgeben, nur weilse woanders nix mehr auf Keif kriegen. Sollense ma en bissken kürzer treten und nich immer angeben wien Sack Seife.

Wie können sie nur so dumm sein und sich mit dem Kredit-Hai abgeben, nur weil sie woanders keinen Kredit mehr bekommen. Sollen sie mal ein wenig kürzer treten und nicht immer angeben wie ein Sack Seife.

betuppen

betrügen, bescheißen, übervorteilen

Gerda pass auf, wenne mit dem Kaarten spielß, dä iss bekannt dafür, dadder betuppt.

Gerda paß auf, wenn du mit dem Karten spielst, der ist bekannt dafür, daß er betrügt.

betutteln

umsorgen, bemuttern

Unser Oppa iss ga nich mehr so krank, dä färbelt ganz schön, weiler vonn Omma noch en bissken betuttelt werden will.

Unser Großvater ist gar nicht mehr so krank, der flunkert und markiert ganz schön, weil er von der Großmutter noch ein wenig umsorgt werden will.

Beus

Anorak, Mantel, Joppe, Jacke, Ulster und dergleichen

Bei sonn Sauwetter kannße doch dä gute Beus nich antrecken, oder du muß en Regenumhang dadrübber ziehn.

Bei so einem Sauwetter kannst du doch den guten Mantel nicht anziehen, oder du mußt einen Regenumhang darüber ziehen.

bimmsen

schlagen, hauen, prügeln

Also, wenne dich nomma verbimmsen läßt, krisse zu Haus noch ne Tracht Bimmse drauf, datte datt endlich kapierß, datte stark genuch biss, um dich zu wehren, du Feife!

Also, wenn du dich noch einmal verprügeln läßt, bekommst du zu Hause noch eine Tracht Prügel dazu, damit du endlich kapierst, daß du stark genug bist, um dich zu wehren, du Pfeife!

Bischek

Lümmel, Flegel

Da geht dä Bischek doch hinn und verkloppt die Eier ausem Hühnerstall für zehn Penning datt Stück anne Nachbarschaft, boo, wenn datt sein Vadder merkt, hatt sein Ärschken abber Kirmes.

Da geht der Lümmel doch hin und verkauft die Eier aus dem Hühnerstall für zehn Pfennig das Stück an die Nachbarschaft. Wehe, wenn das sein Vater merkt, hat sein Ärschchen aber Jahrmarkt.

biss inne Puppen rein

lange, unendlich

Erß knackense biss inne Puppen rein, und dann wundernse sich, datt dä Tach schonn gelaufen iss.

Erst schlafen sie unendlich lange, und dann wundern sie sich, daß der Tag schon gelaufen ist.

Blagen

Kinder

Watt denn, ausgerechnet meine Blagen solln Ihre Äppel geklaut ham? Merkense sich datt, datt ham die nich nötich, die könn' sich selpß welche kaufen.

Was denn, ausgerechnet meine Kinder sollen Ihre Äpfel gestohlen haben? Merken Sie sich das, das haben die nicht nötig, die können sich selbst welche kaufen.

Blagenzeuchs

mehrere ungehorsame Kinder, auch: verzogene Kinder

Datt Blagenzeuchs rennt raus und rein durjen Hausflur, gezz kannich schonn widder dä Aufnehmer schwingen.

Die verzogenen Kinder rennen durch den Hausflur, heraus und herein, nun kann ich schon wieder den Aufnehmer schwingen.

Blitzer

Grubenlampe des Steigers im Bergwerk

Sippte Sohle, schwattes Geglitzer, dä Steiger kommt, mit Helm und mit Blitzer.

Siebente Sohle, schwarzes Geglitzer, der Steiger kommt, mit Helm und mit Blitzer.

Blötsch

Beule, eingedrückte Stelle

Sonne Sauerei, bei Nacht und Nebel hamse mir ne Blötsch innen Wagen gefahrn, und wie immer hatt keiner watt gehört oder gesehn.

So eine Sauerei, bei Nacht und Nebel haben sie mir eine Beule in den Wagen gefahren, und wie immer hat niemand etwas gehört oder gesehen.

bölken

schreien

Herr Richter, wennse mich noch ma so anbölken, sarrich überhaupt nix mehr.

Herr Richter, wenn Sie mich noch einmal so anschreien, sage ich überhaupt nichts mehr.

bolzen

Fußball spielen, auf der Wiese oder auf der Straße, ohne feste Regeln

Lass datt Bolzen hier vorm Fenster sein! Wenne die Scheibe trifffß, isset zappenduster middem Taschengeld, und datt wochenlang, du weiß ja, watt sonne Scheibe kostet, ne?

Laß das Fußballspielen hier vor dem Fenster! Wenn du die Scheibe triffst, ist es aus mit dem Taschengeld, und das wochenlang, du weißt ja, was so eine Scheibe kostet, nicht wahr?

Boo

erstaunter Ausruf, verblüffter Ausruf

Boo, watt hasse en schönes Kleid an! Wo hasse datt gekauft, bei Clamotten-Anton? (Clamotten-Anton = C&A, auch Ciska und Anna genannt)

Oh, was hast du für ein schönes Kleid an! Wo hast du das gekauft, bei C&A?

Borbecker Halblange

nach einem Essener Stadtteil benanntes halblanges Beinkleid (Hose)

Hasse gesehn, wie dä Pidder widder rummläuft, so, als hätt dä nix anzuziehn als seine Borbecker Halblangen.

Hast du gesehen, wie der Peter wieder herumläuft, so als hätte er nichts anderes anzuziehen als seine halblange Hose.

Braatsche

Ausschlagbläschen, meistens um den Mund herum

Hatt dä Dachhas vonn Meiers doch glatt innen Flur geschissen! Unser Omma hatt dreckt ne Braatsche gekricht. Die Meiers sind auch zu faul, datt Tier rauszulassen, sonß könndet sein »Geschäft« verscharren.

Hat die Katze von Meiers doch glatt in den Flur gemacht! Unsere Großmutter bekam direkt Ausschlagbläschen am Mund.

Die Meiers sind auch zu faul, das Tier hinauszulassen, sonst könnte es sein »Geschäft« verscharren.

Brackmann

ein dicker Stein, ein dickes Ding, Ballen, Haufen

Da flooch doch da en Brackmann inne Scheibe bei Kaczmareks, und keiner weiß, wer datt widder wa.

Da flog doch ein dicker Stein in die Scheibe bei Kaczmareks, und keiner weiß, wer das wieder war.

Brammel

mürrischer Mensch

Nä, seitdem datt datt Lissbett tot iss, iss middem Alex nix mehr los, sonn richtiger oller Brammel iss datt geworden.

Nein, seitdem Elisabeth tot ist, ist mit dem Alex nichts mehr los, so ein richtiger alter mürrischer Mensch ist er geworden.

Brass

Wut, Zorn, Ärger

Watt nützt gezz dä ganze Brass? Datt wär alle nich passiert, wenne ma vorher dein' Gehirnkasten eingeschaltet hätteß. Du sollß nich denken, du sollß nachdenken.

Was nützt jetzt der ganze Arger? Das wäre alles nicht passiert, wenn du vorher dein Gehirn eingeschaltet hättest. Du sollst nicht denken, du sollst nachdenken.

Brassel

Streß, viel am Hals, am Kopf haben

Wenn dä ganze Brassel nich bald aufhört, binn ich reif fürt Irrenhaus.

Wenn der ganze Streß nicht bald aufhört, bin ich reif für's Irrenhaus.

Brummfitz

Moped, Motorrad

Seh zu, datte dein' Auspuff annem Brummfitz in Ordnung brinkß, sonß krisse noch en Protokoll.

Sieh zu, daß du deinen Auspuff am Moped in Ordnung bringst, sonst bekommst du noch ein Protokoll.

Brummsummse

Fliege, Biene, Wespe, Hummel (Insekt)

Hol' die Fliegenklatsche, die verdammte Brummsummse umkreist mich schonn ne ganze Zeit, und dann landetse auf meine Pläte.

Hol' die Fliegenklatsche, die verdammte Fliege umkreist mich schon eine ganze Zeit, und dann landet sie auf meiner Glatze.

Büll

Beutel

Geh bloß nich widder ohne Büll auwen Markt und innet Einkaufscenter! Da musse ne Plasticktüte kaufen, schleppß Reklame spaziern, und anne Umwelt denkße auch nich.

Geh bloß nicht wieder ohne Beutel auf den Markt und ins Einkaufscenter! Da mußt du eine Plastiktüte kaufen, schleppst Reklame spazieren, und an die Umwelt denkst du auch nicht.

Bütterken

kleines Butterbrot

Komm, nimm ma en Bütterken mit inne Schule, brauchß nich immer anne Pommesbude oder bei MäckDonalds mampfen.

Komm, nimm mal ein kleines Butterbrot mit zur Schule, du brauchst nicht immer an der Pommesfrites-Bude oder bei Mac Donalds zu essen.

Bude
Trinkhalle, auch: Wohnung, Zimmer, oder was sich kleine Buben draußen bauen, mit Latten oder Brettern, als Unterschlupf oder dergleichen
Willße nich ma en bissken anne frische Luft gehn, anstatt immer nur inne Bude zu sitzen?
Willst du nicht mal ein wenig an die frische Luft gehen, anstatt nur in der Wohnung zu sitzen?

Bullemann
Nasendreck, auch: Schreckgespenst zum Angstmachen von Kindern
Hasse kein Taschentuch? Musse die Bullemänner mitte Griffel puhlen?
Hast du kein Taschentuch? Mußt du in der Nase bohren?

Bullenbeißer
jemand, der andauernd mit einem brummigen Gesicht herumläuft
Kannße nich ma lachen? Du läufß rumm wien Bullenbeißer.
Kannst du nicht mal lachen? Du läufst nur mit einem brummigen Gesicht herum.

Bullenkloster
Obdachlosenasyl, auch: Ledigenheim
Generell kannße datt ja nich behaupten, datt alle, die ausem Bullenkloster kommen, schwatte Schafe sind, ne? Überall gipptet sonne und sonne.
Generell kannst du das ja nicht behaupten, daß alle, die aus dem Obdachlosenasyl kommen, schwarze Schafe sind, nicht wahr? Überall gibt es solche und solche.

Bums

schräge Kneipe, meist anrüchiges Tanzlokal, wo Schlägereien und Streitigkeiten an der Tagesordnung sind, wo üble Gestalten anzutreffen sind wie Diebe, Nutten, Zuhälter, Hehler

Also, dattse dä Bums noch nich zugemacht ham, datt wundert mich ährlich, wenne die Gestalten nur siehß, krisse echt ne Gänsehaut.

Also, daß sie dieses anrüchige sogenannte Lokal noch nicht geschlossen haben, das wundert mich ehrlich, wenn du die Gestalten nur siehst, bekommst du echt eine Gänsehaut.

bumsen

schlagen, hauen, gegen einen Gegenstand klopfen

Hör auf mitte Bumserei, und datt um diese Zeit, da fallen ja die Nachbarn ausde Betten.

Hör auf mit dem Klopfen, und das um diese Zeit, da fallen ja die Nachbarn aus den Betten.

Bur

Bauer

Musse ma beim Bur en bissken Stallmist holen und unter de Erdbeeren graben, watt meinße, watt datt vonne Ernte gippt.

Du mußt einmal beim Bauern ein wenig Stallmist holen und unter die Erdbeeren graben, was meinst du, was das für eine Ernte gibt.

Buxe

Hose, Beinkleid

Muss datt denn sein, datte die ganzen Flicken aufde Jiens-Buxe nähß? Früher hamse sich geschämt, damit aufde Straße zu gehn, nä, nä, watt sich doch die Zeiten ändern.

Muß das denn sein, daß du die ganzen Flicken auf die Jeans-Hose nähst? Früher haben sie sich geschämt, damit auf die Straße zu gehen. Nein, nein, wie sich doch die Zeiten ändern.

D

da töschen

dazwischen

Die Alsche Kuballa kann datt auch nich sein lassen, laufend hattse alle Nachbarn da töschen, wennse nich grade klatscht und traatscht, hänktse hinter de Gardinen.

Die alte Kuballa kann es auch nicht lassen, laufend hat sie alle Nachbarn dazwischen, wenn sie nicht gerade klatscht und tratscht, hängt sie hinter den Gardinen.

Dämlak

Trottel, Hanswurst, dämlicher Mensch

So ein Dämlak, ausgerechnet Müllers Jan, dä immer so schlau sein will, läßt sich anne Haustür en Teppich andrehn, den de nach vier Wochen auwen Müll werfen kannß.

So ein Trottel, ausgerechnet Jan Müller, der immer so schlau sein will, läßt sich an der Haustüre einen Teppich andrehen, den du nach vier Wochen auf den Müll werfen kannst.

Däz

Kopf

Ich sach ja immer, datt dä nix im Däz hatt, nur inne Mukkis.

Ich sage ja immer, daß der nichts im Kopf hat, nur etwas in den Muskeln.

Dassel
siehe: Däz

Deu
Schubs, Stoß, aber auch einen Deu weg haben, nicht ganz gescheit sein
Lassen doch sabbeln wadder will, merkße nich, datt dä en Deu weck hatt?
Laß ihn doch reden was er will, merkst du nicht, daß er nicht ganz gescheit ist?

Deuwel
Teufel
Wenn dich nich ma dä Deuwel holt, wenne Gott immer so lästerß.
Wenn dich nicht mal der Teufel holt, wenn du Gott immer so lästerst.

dibbern
merken, etwas herausbekommen, finden
Datt iss schonn bald unheimlich, hier kannße verstecken, watte willß, als Erster dibbert datt unser Vadder.
Das ist schon bald unheimlich, hier kannst du verstecken, was du willst, als erster findet das unser Vater.

Dierken
kleines Mädchen
Aus datt Gaby iss abber en lecker Dierken geworden.
Aus der Gaby ist aber ein nettes kleines Mädchen geworden.

Dinges
das Dingsda (wenn einem nicht gleich die Bezeichnung einfällt) oder auch: Dingenskirchen (irgendein Ort, dessen Name einem nicht gleich einfällt)
Wer weiß, wie man da nach Dingenskirchen kommt, wo Tann Erna ma auwem Burnhof malocht hatt, sacht ma schnell, wie heißt datt Dinges bloß noch?
Wer weiß, wie man zu dem Dingsda-Ort kommt, wo Tante Erna einmal auf dem Bauernhof gearbeitet hat, sagt mal schnell, wie heißt das Dingsda bloß noch?

Ködel

Dödel
Sack, Hoden
Hasse widder sonne enge Badebuxe gekauft, datte dä ganze Dödel appgemalt hass, du Angeber?
Hast du wieder so eine enge Badehose gekauft, daß der ganze Hoden abgemalt ist, du Angeber?

Döppen
Augen
So, gezz mach endlich die Döppen zu, um fünf iss die Nacht zu Ende.
So, nun mach endlich die Augen zu, um fünf ist die Nacht zu Ende.

döppen

jemanden unter Wasser tauchen

Hör auf mitte Döpperei, datt kann ma innet Auge gehn.

Hör' auf mit dem Unterwassertauchen, das kann einmal ins Auge gehen.

Döppken

kleines Kind

Kuck ma, iss datt Döppken nich niedlich angströppt?

Schau einmal, ist das kleine Kind nicht niedlich angezogen?

Dör

Tür

Mach die Dör zu, datt zieht, meinße, ich heiz fürde Affen?

Mache die Tür zu, es zieht, meinst du, ich heize für die Affen?

Dörpel

Mäuerchen rechts und links von meistens drei Stufen fassenden Hauseingängen bei Bergmannshäusern, auf denen meist die Bergmannsfrauen gegen Abend zu einem Pläuschchen zusammenkamen. Oft wurde auch dort die Küchenarbeit erledigt, wie Gemüse putzen, es wurde aber auch dort gestickt, geflickt, es wurden Strümpfe und andere Textilien gestopft, genäht und gewerkelt, um vom eigenen Mäuerchen zum Mäuerchen des Nachbarhauses einen Schwatz zu halten.

Wo iss unser Mudder? Die sitzt bei Bachmanns auwen Dörpel, die Aul Brinker und die Aul Hoppe sitzen auch dabei, die kallen übber datt nächste Siedlerfest.

Wo ist unsere Mutter? Die sitzt bei Bachmanns auf dem Mäuerchen, die Frau Brinker und die Frau Hoppe sitzen auch dabei, die schwätzen über das nächste Siedlerfest.

dösich

dämlich

Mannomann, watt gelinkt dem Kurt ma? Ga nix! Dä iss zu dösich, en Loch innen Schnee zu pinkeln.

Mannomann, was gelingt dem Kurt überhaupt einmal? Gar nichts! Der ist zu dämlich, ein Loch in den Schnee zu pinkeln.

Döskopp

Blödmann

Da iss mein Oller widder annen Verein geraten, lauter Dösköppe, abber datt willer ja nich wahrham.

Da ist mein Alter wieder an einen Verein geraten, lauter Blödmänner, aber das will er ja nicht wahrhaben.

dötschen
siehe: bolzen

Dötzken
I-Dötzchen, auch: kleines Kind
Sach, geht datt kleine Dötzken schonn allein inne Schule?
Sag, geht das I-Dötzchen schon allein in die Schule?

Donnerbalken
Plumpsklosett, eine Toilette im Freien, am Haus, ohne Wasserspülung, meist mit einem eingeschnitzten Herzchen an der Tür
Wir ham uns gezz en Chemie-Klo gekauft, dä Donnerbalken innem Schrebergaaten iss ein für allemal aut.
Wir haben uns jetzt ein Chemie-Klo gekauft, das Plumpsklosett im Schrebergarten ist ein für allemal out.

Donnerlüttchen
Ausruf des anerkennenden Erstaunens
Donnerlüttchen, datt wa abber ne Glanzleistung, wie hasse datt denn fertichgebracht?
Anerkennung, das war aber eine Glanzleistung, wie hast du das denn fertiggebracht?

Doscht
Durst
Heut gabet Matjes bei uns, da krisse vielleicht en Doscht vonn, abber watt sollß, Fisch muß eben schwimmen, ne?
Heute gab es Matjes bei uns, davon bekommt man vielleicht einen Durst, aber was soll es, Fisch muß eben schwimmen, nicht wahr?

drämeln

langsam etwas tun, Lahmarschigkeit

Wenn ich dich da so rummdrämeln seh, fällt mir nix mehr ein, weiße datt auch?

Wenn ich deine Langsamkeit so sehe, fällt mir nichts mehr ein, weißt du das auch?

Driete

Kot, Scheiße

Sonn Driet auch, datt dä erste Mai auwen Samstach fällt, bisse widder ummen bezahlten Feiertach beschissen.

So ein Mist, daß der erste Mai auf einen Samstag fällt, da bist du wieder um einen bezahlten Feiertag betrogen.

Driethüssken

Toilette

Wie lang hockt unser Jung schonn widder auwem Driethüssken? Datt dä nich ma lernen kann, datt andere auch ma müssen. Nächß Ma nimmich em die Bildzeitung vorher weck.

Wie lange sitzt unser Junge schon wieder auf der Toilette? Daß er nicht lernen kann, daß andere auch einmal müssen. Das nächste Mal nehm ich ihm die Bild-Zeitung vorher weg.

drööch

trocken

Kaum isser dröööch hinterde Löffel, da willer schonn die ganze Welt erobern.

Kaum ist er trocken hinter den Ohren, da will er schon die ganze Welt erobern.

Dröppelminna
Kaffeekanne
Ett geht ja nix übber ne olle Dröppelminna, watt brauch ich ne Kaffeemaschine! Nä, ich mach datt alle noch so wie früher, da schmeckt datt Köppken Kaffee wenichstens noch und dä edle Droppen iss immer frisch.
Es geht ja nichts über eine alte Kaffeekanne, was brauche ich eine Kaffeemaschine! Nein, ich mache das alles noch so wie früher, da schmeckt das Tässchen Kaffee wenigstens noch und der edle Tropfen ist immer frisch.

dröppeln
tropfen
Ottokar, wenne nich bald en Klempner bestellß, dann werdich noch verrückt! Datt dröppelt schonn zwei Wochen ausem Knick unter de Spüle, ich happ da schonn en Immer drunner stehn.
Ottokar, wenn du nicht bald einen Klempner bestellst, dann werde ich noch verrückt! Das tropft schon zwei Wochen aus dem Knick unter der Spüle, ich habe darunter schon einen Eimer stehn.

Droppen
Tropfen
Datte da bloß kein' Droppen vonn verschütteß, dafür iss dä Schabau zu teuer, hasse mich verstanden?
Daß du keinen Tropfen davon verschüttest, dafür ist der Schnaps zu teuer, hast du mich verstanden?

Dubbel

Butterbrot

So, heute gipptet ma kein Mittachessen, ihr könnt euch ma en Dubbel machen. Ich muß inne Stadt, und Wäsche habbich auch noch.

So, heute gibt es einmal kein Mittagessen, ihr könnt euch mal ein Butterbrot machen. Ich muß in die Stadt, und Wäsche habe ich auch noch.

dudeln

laienhaft Musik machen, auch: ununterbrochen auf einem Instrument spielen

Gezz wirdet abber langsam Zeit, datt datt Gedudel aufhört, datt hält ja kein Schwein aus.

Nun wird es aber langsam Zeit, daß das ununterbrochene laienhafte Musikmachen aufhört, das hält ja niemand aus.

Dünnfitsch

Durchfall

Tu nich so viel Öl anne Reibekuchen, sonß bisse am jaulen, datte vor lauter Dünnfitsch widder nich vonnem Pott kommß.

Mach' nicht so viel Öl an die Reibekuchen, sonst jammerst du, daß du vor lauter Durchfall wieder nicht von der Toilette kommst.

Dunas

benebelt sein nach zu starkem Alkoholgenuß, allgemeines Unwohlsein, Kopfschmerzen, null-Bock-Stimmung

Watt denn, du willß nich aufde Maloche? Ich glaubet dir wohl, gezz abber raus ausde Federn! Wer saufen kann, dä kann auch wullachen, auch wenner noch sonn Dunas hatt.

Was denn, du willst nicht zur Arbeit? Ich glaube es dir wohl, jetzt aber raus aus den Federn! Wer saufen kann, der kann auch arbeiten, auch mit Kopfschmerzen nach zu starkem Alkoholgenuß.

Dusseldier

Tölpel, ungeschickter Mensch

Wenne dauernd die Flanzen statt datt Unkraut ausruppß, dann bleipße in Zukunft ausem Gaaten, du Dusseldier.

Wenn du dauernd die Pflanzen anstatt Unkraut ausrupfst, dann bleibst du in Zukunft aus dem Garten, du Tölpel.

Duwen

Tauben

Sperr bloß deine Katze ein, wenn die Duwen vonnem Duwenvadder dä Schlach anfliegen, wennse vonne Reise kommen. Du weiß, wie wütend datt dä wird, wenner die Ringe nich schnell inne Duwenuhr kricht. Hör auf mich, sonß hasse ma ne Mieze gehappt.

Sperr bloß deine Katze ein, wenn die Tauben vom Taubenvater den Schlag anfliegen, wenn sie von der Reise kommen. Du weißt, wie wütend er wird, wenn die Ringe nicht schnell genug in der Taubenuhr landen. Hör auf mich, sonst hast du mal eine Mieze gehabt.

E

ede

ehe du

Ede morgens ausem Haus gehß, mach datt Fenster watt auf Kippe, datt watt Luft reinkommt, hörße?

Ehe du morgens aus dem Haus gehst, öffne das Kippfenster, damit etwas Luft hereinkommt, hörst du?

einmuckeln

einkuscheln

Deine Grippe hammer schnell im Griff, erß trinkße ma en paa Grog und muckelß dich so richtich schön ein datte schwitzt, und dann kannße ma kucken, morgen früh bisse dann fit wien Turnschuh.

Deine Grippe haben wir schnell im Griff, erst trinkst du mal ein paar Grog und kuschelst dich so richtig schön ein, daß du schwitzt, und dann kannst du mal sehen, morgen früh bist du dann vollkommen fit.

esset

iß es

Esset gezz auf und mach nich sonn Hallas um die paa Gramm, biss sowieso zu dick, kuck ma innen Spiegel und fraach dich ma selpß, watt willße an sonne Figur noch versauen?

Iß es jetzt auf und mach nicht so viel Aufhebens um die paar Gramm, du bist sowieso zu dick, schau mal in den Spiegel und frag dich mal selbst, was willst du an so einer Figur noch verderben?

Ett

eine sie, eine Frau, ein Mädchen, ein Fräulein

Kuck ma, wie Etteken sich rausgeputzt hatt, ich glaup, dattse widder en neuen Freund hatt.

Guck mal, wie sie sich herausgeputzt hat, das Fräulein, ich glaube, daß sie wieder einen neuen Freund hat.

Eumel

ein etwas einfältiger Mensch

Mußtich doch letztens narem Amt, nä, waddich da erlept happ, iss sagenhaft. Da saß vielleicht en Eumel, da musse glatt raten, wie dä anne Beamtenlaufbahn kam.

Ich mußte letztens zu einer Behörde, nein, was ich da erlebt habe, ist sagenhaft. Da saß vielleicht ein einfältiger Mensch, da mußt du glatt raten, wie der an die Beamtenlaufbahn kam.

F

fackeln

überlegen, handeln (nicht lange)

Wenne Schmerzen hass, muß dä Zahn eben raus, da musse ga nich lang fackeln.

Wenn du Schmerzen hast, muß der Zahn eben heraus, da mußt du gar nicht lange überlegen.

feckeln

rennen, schnell laufen

Wenne weiter so bummelß morgens, datte inne Schule feckeln muß als gemütlich zu gehen, dann stehße demnächst ne viertel Stunde früher auf.

Wenn du weiter so bummelst morgens, daß du zur Schule rennen mußt statt gemütlich zu gehen, dann stehst du demnächst eine viertel Stunde früher auf.

ferkesgenau

übergenau, exakt, manchmal zur Übertreibung neigend

So ferkesgenau brauchße die Blumenzwiebeln nich setzen, ich will en lockeres Beet ham und nich sowatt Appstracktes.

So exakt und übergenau brauchst du die Blumenzwiebeln nicht zu setzen, ich will ein lockeres Beet haben und nichts Abstraktes.

fietzeln

Geschlechtsverkehr, siehe auch: poppen

Wenne die Spatzen so beobachteß, die sind nur am fietzeln, da iss datt kein Wunder, datt die sich schlachartich vermehren.

Wenn du die Spatzen so beobachtest, die haben dauernd Geschlechtsverkehr, da ist es kein Wunder, daß sie sich schlagartig vermehren.

Fillax

Hund, meistens Hundemischling, Bastard

Wenner euch schonn en Hund anschaffen wollt, dann holt euch ein' ausem Tierheim, sonne Fillaxe sind meistens treu wie Gold und anhänglich wien Floh.

Wenn ihr euch schon einen Hund anschaffen wollt, dann holt euch einen aus dem Tierheim, solche Mischlinge sind meistens treu wie Gold und anhänglich wie ein Floh.

Fimmel

einen Vogel, eine Macke, eine Meise haben

Jedem sollte man im Leben datt Recht auwen eigenen Fimmel geben.

Jedem sollte man im Leben das Recht auf eigene Macken geben.

fimmelich

kleinlich, überaus korrekt

Sei doch nich so fimmelich, so ferkesgenau iss nich ma dä liebe Gott, siehße ja bei dir.

Sei doch nicht so überaus korrekt, so furchtbar kleinlich ist nicht einmal der liebe Gott, das siehst du ja bei dir.

Finnfitsch

siehe: Dünnfitsch

Fissel

siehe: Fitzken

fisseln

wenn es leicht regnet, Sprühregen

Nimm en Schirm mit, ett fisselt.

Nimm einen Schirm mit, wir haben Sprühregen.

Fissematenten

viel Aufhebens machen um nichts, auch: Zwergenaufstand

Mach nich sonne Fissematenten, komm endlich auwen Kern der Sache und renn nich stundenlang ummen heißen Brei rumm.

Mach' nicht so viel Aufhebens um nichts, komm endlich auf den Kern der Sache und renne nicht stundenlang um den heißen Brei herum.

fissln

wenn es leicht regnet, Sprühregen

Nimm en Schirm mit, ett fisslt.

Nimm einen Schirm mit, wir haben Sprühregen.

Fisternölleken

klarer Schnaps (Korn) mit Rosinen und Würfelzucker, das traditionelle Beecker-Kirmes-Getränk (Die Beecker Kirmes in Duisburg Beeck ist die größte Kirmes am Niederrhein)

Iss ja en lecker Gesöff sonn Fisternölleken, abber wenne davonn ein' inne Hacken hass, gehße drei Tage rückwärtz.

Es ist ja ein leckeres Getränk, so ein Korn mit Rosinen und Würfelzucker, aber wenn du davon berauscht bist, gehst du drei Tage rückwärts.

Fitsch

Fang

Wenne früh genuch anne Wache biss, kannße im Schlußverkauf so manchen Fitsch machen.

Wenn du früh genug an Ort und Stelle bist, kannst du im Schlußverkauf so manchen Fang machen.

Fitsche

Friedhelm

Fitsche, schmeiß dä Grill an, die Gäste kommen gleich.
Friedhelm, mach' den Grill parat, die Gäste kommen gleich.

fitschen

schnell laufen, abhauen

So, gezz könnder ma langsam appfitschen, ett iss ein Uhr durch, oder happter keine Betten zu Haus?
So, nun könnt ihr mal langsam abhauen, es ist ein Uhr durch, oder habt ihr keine Betten zu Hause?

Fitzebohnen

Schnittbohnen, grüne, die an hohen Stangen wachsen

Nä, Erna, heut habbich kein Zeit fürn Schwätzken, ich muß noch narem Markt Fitzebohnen holen, und eh datt die alle gefitzt sind, hammer Mittach.
Nein, Erna, heute habe ich keine Zeit für ein Schwätzchen, ich muß noch zum Markt Stangenbohnen holen, und ehe diese alle geschnitten sind, haben wir Mittag.

Fitzelken

kleines Stückchen, kleiner Rest

Wer hatt da widder watt ausde Zeitung ausgeschnitten? Die ganzen Fitzelkes liegen auwem Boden rumm.
Wer hat da wieder etwas aus der Zeitung ausgeschnitten? Die ganzen kleinen Stückchen liegen auf dem Boden herum.

Fitzken
siehe: Fitzelken

Flabes
ein nicht ernstzunehmender Mensch, Juxmacher
Hatt dä Flabes doch tatsächlich sein' Fillax Karneval als Cäsar verkleidet!
Hat der Juxmacher doch tatsächlich seinen Hund zu Karneval als Cäsar verkleidet!

Flappmann
siehe: Flabes

Flatterfrau
Huhn (Flatteromma = altes Huhn, Flatterkind = Hühnchen)
Fürde Flatterfrausupp brauch ich abber en Flatterkind und keine Flatteromma, sonß koch ich da in hundert Jahrn noch drann.
Für die Hühnersuppe brauche ich ein Hühnchen und kein altes Huhn, sonst kocht sie hundert Jahre.

Flattermann
Hahn
Wenn Tann Anna und Ongel Attur heut aamd kommen, holße anne Pommes-Bude en Flattermann. Datt genücht, die machen ja auch nich viel Bahei ummet Aamdessen, wenn wir bei denen sind, ne?
Wenn Tante Anna und Onkel Arthur heute abend kommen, holst du ein Hähnchen an der Pommesfrites-Bude für's Abendessen. Das genügt, die machen ja auch nicht viel Aufhebens, wenn wir bei ihnen zu Besuch sind, nicht wahr?

Fleppe

eine Schnute ziehen, schmollen

Watt ziehße vonne Fleppe, iss widder ne Laus übber deine Leber gelaufen?

Was schmollst du so, ist wieder eine Laus über deine Leber gelaufen?

Fleppen

Papiere, Führerscheine, Dokumente

Eines Tages wirße wohl die Fleppen kriegen, wenne dauernd aufde Maloche fehlß. Denk drann, daddet genuch Arbeitslose gippt, die gern dein' Platz einnehmen würden.

Eines Tages wirst du wohl die Papiere bekommen, wenn du dauernd auf der Arbeitsstelle fehlst. Denke daran, daß es genug Arbeitslose gibt, die gerne deinen Platz einnehmen würden.

Fletschauch

Gerstenkorn

Inne Ecken rummgestanden und Zuch gekricht, wie? Oder wie kommße an datt Fletschauch?

In den Ecken herumgestanden und Zug bekommen, wie? Oder wie kommst du an das Gerstenkorn am Auge?

Fletsche

Steinschleuder, aus Astgabeln gemacht, oder auch abfällig für Mädchen oder Frau

So, nomma mitte Fletsche aufde Katze zielen, und du biss datt Ding quitt!

So, noch einmal mit der Steinschleuder auf die Katze zielen, und du bist das Ding quitt.

fletschen

blecken

Pack dä Keiloff vonnem Gerd nich immer so appruppt ann, gestern habbich gesehn, dadder kräftich die Zähne gefletscht hatt.

Faß Gerds Hund nicht immer so abrupt an, gestern habe ich gesehen, daß er kräftig die Zähne gebleckt hat.

Fliech

Fliege, auch: Mucha, aus dem Polnischen

Die Fliech muß ausde Küche, hause kaputt, bevor dattse sich auwet Fleisch setzt und ihre Eier applecht.

Die Fliege muß aus der Küche, schlag sie tot, bevor sie sich aufs Fleisch setzt und ihre Eier ablegt.

Flitsch

glitschige, ekelhafte Masse

Mach die Pelle vonne Woscht, da iss schonn dä Flitsch drann.

Mach' die Pelle von der Wurst ab, die ist schon glitschig.

Flitzemann

ein Schneller, der gut rennen kann

So, gezz mach en Flitzemann, sonß sind die Geschäfte zu, ett iss fünf vor halp sieben.

So, jetzt lauf' aber schnell, sonst sind die Geschäfte zu, es ist fünf vor halb sieben.

flötepiepen

denkste, das glaubst du doch wohl nicht, nichts da

Flötepiepen, heut gehß du ma narem Markt, ich kann datt nich alles schleppen. Sind ja auch deine Gäste, die ich heut Aamd bewirten muß, oder?

Nichts da, heute gehst du einmal zum Markt, ich kann das alles nicht schleppen. Es sind ja auch deine Gäste, die ich heute Abend bewirten muß, oder?

Flörch

Hustenauswurf, Nasenschleim

Ich würd ja ma narem Arzt gehn, mein lieber Mann, datt Flörchen hört ja ga nich mehr auf, vielleicht hasse die Bronchen verschleimt?

Ich würde ja einmal zum Arzt gehen, mein lieber Mann, der Hustenauswurf hört ja gar nicht mehr auf, vielleicht hast du die Bronchien verschleimt?

Flötsch

Fieberbläschen oder Ausschlag vom Ekeln oder vom Essen nicht reiner Lebensmittel

Wo hasse denn die Flötsch her, hasse datt Obst widder nich appgewaschen?

Wo hast du denn den Ausschlag her, hast du das Obst wieder nicht abgewaschen?

Flunschaugen

Froschaugen

Wodrauf bildet die Olsche sich einklich watt ein? Hasse schomma gesehn, watt die für Flunschaugen hatt?

Worauf bildet die Frau sich eigentlich etwas ein? Hast du schon einmal gesehen, welche Froschaugen sie hat?

Fluppe
Zigarette
Gipp ma ne Fluppe, meine Schachtel iss leer.
Gib' einmal eine Zigarette, meine Schachtel ist leer.

fluppen
es muß laufen, gelingen
Datt macht Laune, heut hatt die Maloche richtich gefluppt.
Das macht Laune, heute ist die Arbeit richtig gelungen.

Föt
Füße, siehe: Quanten, Mauken

fottens
sofort
Gezz abber fottens narem Dockter, sonß steckße uns noch alle an middem Schnuppen.
Jetzt aber sofort zum Doktor, sonst steckst du uns noch alle an mit dem Schnupfen.

friemeln
basteln, werkeln, mit viel Geduld
Hadder sich doch tatsächlich aus zwei Schrottautos eint zum Fahren gefriemelt und datt fitscht app wie geschmiert.
Hat er sich doch tatsächlich aus zwei Schrottautos eins zum Fahren mit viel Geduld gebastelt und das flitzt ab wie geschmiert.

Frierpitter
frierender Mensch
Mach datt Fenster zu, du weiß, watt dä Vadder vonn Frierpitter iss.
Schließe das Fenster, du weißt, daß der Vater schnell friert.

fudeln
mogeln, täuschen, meist bei Karten- und anderen Spielen
Middem Hein spielt doch keiner mehr, jeder weiß, datt dä fudelt, datt die Wände wackeln.
Mit dem Hein spielt doch keiner mehr, jeder weiß, daß er mogelt, daß die Wände wackeln.

Für oder Fuer
Feuer
Gipp ma Für, mein Glimmstengel iss ausgegangen.
Gib' einmal Feuer, meine Zigarette ist ausgegangen.

Furchendackel
jemand mit krummen Beinen
Gezz weiße, warum datt Betty nur inne langen Buxen rummrennt und nich inne Röcke und Kleider, die hatt nämich en paa Beine wien Furchendackel.
Jetzt weißt du, warum Betty nur in langen Hosen herumrennt und nicht in Kleidern und Röcken, sie hat nämlich krumme Beine.

Furzknoten
kleines Kind, kleinwüchsiger Mensch
Kuck ma, dä Furzknoten sprinkt schonn vonnem Dreimeterbrett!
Guck mal, das kleine Kind springt schon vom Dreimeterbrett!

Fussel

minderwertiges alkoholisches Getränk, oder auch Faden und dergleichen an Kleidungsstücken oder Wäsche oder Textilien aller Art

So kannße abber nich aufde Straße gehn, willße nich erß ma die Fusseln vonne Buxe bürsten?

So kannst du aber nicht auf die Straße gehen, willst du nicht erst einmal die Fäden von der Hose bürsten?

futschikato

weg, abhanden gekommen, verschwunden, auf und davon

Ja und, dann isser eben futschikato, dein Schwattgelockter! Andere Müdder ham auch schöne Söhne, datt wär sowieso nich gutgegangen mit euch.

Ja und, dann ist er eben auf und davon, dein Schwarzgelockter! Andere Mütter haben auch schöne Söhne, das wäre sowieso nicht gutgegangen mit euch.

Futt

Hintern

Mussese erß widder inne Futt getreten kriegen, eh datte datt kapierß?

Muß man dich erst wieder in den Hintern treten, ehe du das kapierst?

Futtfinger

Finger, die überall und alles anfassen müssen

Gehße mitte Futtfinger davonn! Wenne so weiter annem Pott rummprobierß, watt soll denn da noch auwen Tisch kommen?

Bleibst du wohl mit den Fingern davon! Wenn du so weiter am Topf herumprobierst, was soll denn da noch auf den Tisch kommen?

Futtgatt

After

Wenne nich sonne Bangebüx wärß, wärn die Hämmorieden länkß weck, datt macht doch heut jeder Förtner im Krankenhaus. Ein Knacken, ein Knirschen, weck warn die Kirschen! Abber nä, lieber läufße mitte Schmerzen am Futtgatt rumm. *Wenn du nicht so ein Angsthase wärst, wären die Hämorrhoiden längst weg, das macht doch heute jeder Pförtner im Krankenhaus. Ein Knacken, ein Knirschen, weg waren die Kirschen. Aber nein, lieber läufst du mit Schmerzen am After herum.*

G

Gaffel

Gabel

Wann begreifße datt endlich, datt man Ärpel nich auwen Teller schneidet, die quetscht man mitte Gaffel.

Wann begreifst du es endlich, daß man Kartoffeln nicht auf dem Teller schneidet, die quetscht man mit der Gabel.

Gamuckel

loser Mensch, auf den kein Verlaß ist

Paß ma auf, du Gamuckel, wenne sachß, du kommß, dann musse auch kommen, oder sach Bescheid, datte nich kannß oder willß.

Paß einmal auf, du Loser, wenn du sagst, du kommst, dann mußt du auch kommen, oder sage Bescheid, daß du nicht kannst oder willst.

Ganhagel

ungezogener, ungehorsamer Junge, der nur Unsinn macht

Nä weiße, euer Fred, datt iss en Ganhagel, hadder doch verdammt vorde Tür vonne Omma Lösch ne ganze Pulle Baldrian gekippt, datte datt Katzenkonzert meilenweit hörß.

Nein weißt du, euer Fred, das ist ein schlimmer Bursche! Hat er doch verdammt vor die Tür von Oma Lösch eine ganze Flasche Baldrian geschüttet, so daß du das Katzenkonzert meilenweit hörst.

Gannef

Ganove, Gauner

Watt denn, mit sonn Gannef hasse dich eingelassen? Hoffentlich bereuße datt nich, dä bescheißt nämich Land und Leute.

Was denn, mit so einem Ganoven hast du dich eingelassen? Hoffentlich bereust du das nicht, der betrügt nämlich Land und Leute.

Gatt

Loch

Komma her, Ulliger, du biss schön schlank, kriech ma durch datt Kellergatt. Ich happ mein' Schlüssel vonn innen inne Tür stecken lassen, machßese mir schnell auf, ne?

Komm mal her, Kleiner, du bist schön schlank, kriech' einmal durch das Kellerloch. Ich habe meinen Schlüssel von innen in der Tür stecken lassen, machst du sie mir schnell auf, ja?

Gedöns

übertriebenes Getue, auch: Menstruation, auch: Krimskrams

Mach nich sonn Gedöns übber sonn bissken Kack und tu nich immer so, als wenne en Kriech gewonnen hättß.

Veranstalte nicht so ein übertriebenes Getue über so eine Kleinigkeit und tue nicht immer so, als ob du einen Krieg gewonnen hättest.

Gedritzkes

Kleinkram, nicht der Rede wert

Für sonn Gedritzkes brauchße nich dä Deuwel anne Wand malen.

Für solchen Kleinkram brauchst du nicht den Teufel an die Wand zu malen.

Gehirnskasten

Gehirn, Verstand, Grips

Jeder hatt vonne Natur en Gehirnskasten mittgekricht, beim einen isser intakt, beim andern stehder einfach still. Abber wennse alle egal wärn, die Menschen, wär datt Leben stinklangweilich und die Köppe, die würdense sich auch alle einschlagen.

Jeder hat von der Natur ein Gehirn mitbekommen, beim einen ist es intakt, beim anderen steht es einfach still. Aber wenn sie alle egal wären, die Menschen, wäre das Leben stinklangweilig, und die Köpfe, die würden sie sich auch alle einschlagen.

gehopst wie gesprungen

egal

Datt iss doch gehopst wie gesprungen, oppde gezz die Moppen ausem Fenster schmeißt oder gippß datt für Schnickschnack aus.

Das ist doch egal, ob du jetzt das Geld aus dem Fenster schmeißt oder es für Firlefanz ausgibst.

gelappt

Streich gespielt, Ding gedreht

Watt hasse vonn Ding gelappt? Gezz seh ma zu, datte da ohne Schaden rauskommß.

Was hast du für ein Ding gedreht? Jetzt sieh mal zu, daß du da ohne Schaden herauskommst.

Gelsenkirchener Barock

Kitsch, Plunder, Tand, geschmacklose Gegenstände

Du hass en Geschmack wiene Kuh, wie kannße die künstlichen Tulpen im Oktober aufde Fensterbank stellen? Und dann dein Gelsenkirchener Barock!!! Hasse einklich noch nich bemerkt, datt sich dein röhrender Hirsch gradezu mit datt Bild ausem Spanien-Urlaup beißt?

Du hast einen Geschmack wie eine Kuh, wie kannst du die künstlichen Tulpen im Oktober auf die Fensterbank stellen? Und dann dein Gelsenkirchener Barock!!! Hast du eigentlich noch nicht bemerkt, daß sich dein röhrender Hirsch geradezu mit dem Bild aus dem Spanien-Urlaub beißt?

Gepröddel

Durcheinander, Schwerentwirrbares

Dann seh ma zu, datte datt Gepröddel allein ausenander kriss, datt hasse ja auch ganz allein durjenander fabriziert.

Dann sieh mal zu, daß du das Durcheinander allein entwirrst, das hast du ja auch ganz alleine vermurkst.

Geschlönz

Ausschuß, Abfall, Müll, Innereien und Gedärme beim Tier

Wenne datt Kanickel ausgenommen hass, dann werf datt Geschlönz nich widder innet Driethüssken, pack datt inne Plasticktüte und tu datt inne Mülltonne, wie ett sich gehört.

Wenn du das Karnickel ausgenommen hast, dann werfe die Innereien nicht wieder in die Toilette, packe sie in die Plastiktüte und befördere sie in die Mülltonne, wie es sich gehört.

Gesocks
Asoziale
Datt fehlt uns auch noch, datt sonn Gesocks bei uns inne Nachbarschaft einzieht.
Das fehlt uns auch noch, daß solche Asoziale bei uns in der Nachbarschaft einziehen.

Gezumpel
siehe: Gesocks

Glubsche
Fernseher
Meinße, datt wär richtich, biss inne Nacht rein anne Glubsche hocken und morgens nich mitte Futt ausem Bett kommen?
Meinst du, das wäre richtig, bis in die Nacht am Fernseher hocken und morgens nicht mit dem Hintern aus dem Bett kommen?

gezz
jetzt
Gezz mach abber, datte weckkommß, sonß düst dä Bus ohne dich app.
Jetzt mach' aber, daß du wegkommst, sonst fährt der Bus ohne dich ab.

gibbeln
albern, kichern
Wenner weiter so rummgibbelt, erzähl ich euch übberhaupt nix mehr, dadder datt wißt!
Wenn ihr weiterhin so herumalbert, erzähle ich euch überhaupt nichts mehr, daß ihr das wißt!

Gizhals
siehe: Schrapphals

Glatzkopp
jemand, der keine Haare auf dem Kopf hat
Ich weiß ga nich, watt die alle annem ollen Kojäck gefressen ham, sonne Glatzköppe hammer hier bei uns doch auch genuch, und soga noch viel schönere.
Ich weiß gar nicht, was sie alle so schön an dem alten Kojak finden, solche Leute ohne Haare auf dem Kopf haben wir hier bei uns doch auch genug, und sogar noch viel schönere.

Gosche
Maul, Mund, Klappe
Halt die Gosche beim Mampfen, sonß wird die Suppe kalt.
Halt den Mund beim Essen, sonst wird die Suppe kalt.

Griffel
Finger, auch Wichsegriffel oder Wichsgriffel genannt, die Unordentliches verrichten, oder die alles anfassen müssen (hat nichts mit Onanie zu tun)
Bleip mitte Wixgriffel davonn! Kannße datt nich eima seinlassen, übberall drann zu gehn?
Bleib mit den Fingern davon. Kannst du es nicht einmal sein lassen, überall alles anzufassen?

Grillenfänger
Spinner, auch Träumer, nicht wirklichkeitsnahe
Spinnße widder rumm, du Grillenfänger? Laß datt ma sein, datt Schweben übber sämtliche Wolken, datt Leben spielt sich anders app.
Spinnst du wieder herum, du Träumer? Laß das mal sein, das Schweben über sämtlichen Wolken, das Leben spielt sich anders ab.

Grips
Verstand
Dein Glück und mein Grips, damit gewinnen wir jedes Skatturnier.
Dein Glück und mein Verstand, damit gewinnen wir jedes Skatturnier.

Günsel
Hals
Ich könndem so dä Günsel ummdrehn, so hadder mich geärgert.
Ich könnte ihm einfach den Hals umdrehen, so hat er mich geärgert.

Guleika
After (aus dem Polnischen)
Hasse noch nich gemerkt, datt sich unser Fillax immer anne Guleike rummkratzt? Musse ma mit narem Tierarzt, vielleicht hadder Piere.
Hast du noch nicht gemerkt, daß unser Hund sich immer am After kratzt? Damit mußt du zum Tierarzt, vielleicht hat er Würmer.

Guliampelbrühe

trübe undefinierbare Brühe oder Suppe

Herr Ober, watt iss datt denn fürne Guliampelbrühe! Wenn die so schmeckt wiese aussieht, dann Nacht Mattes.

Herr Ober, was ist das denn für eine trübe Suppe! Wenn die so schmeckt, wie sie aussieht, dann Prost Mahlzeit.

H

Hackepack
siehe: Gezumpel

Häckel
Fahrstock, diente den Steigern bei der Fahrung; durch das Schlagen ans Gestein konnte man eine Kohleprobe lösen. Die im Abstand von zehn cm eingeschlagenen Nägel erlaubten grobe Messungen. Daher stammt auch die Bezeichnung »Meterlatte«. Es wird behauptet, daß der Fahrstock vormals auch zur Züchtigung von Knappen diente.

Watt heißt hier, dä Lehrer daaf nich prügeln? Fraach ma unsern Oppa, watt dä als Knappe oft ein' auwen Balch krichte middem Häckel vonnem Steiger.

Was heißt hier, der Lehrer darf nicht prügeln? Frag mal unseren Großvater, wie oft der als Knappe einen übergezogen bekam, mit dem Fahrstock des Steigers.

hängen im Schacht
aus, vorbei, nichts geht mehr

Wa ich inne Spielbank, datt erste Ma im Leben, muss ja alles ma erlept ham, ne? Und alsich noch übberlechte, sachte dä Kruppje schonn riennewaplü, schwang sein' Enterhaken und Mammas Heiermann wa futschikato. Soll auch ein Mensch verstehn, datt Französische, warum sachter nich dreckt, hängen im Schacht?

War ich in der Spielbank, das erste Mal im Leben, mußt' ja alles mal erlebt haben, nicht wahr? Und als ich noch überlegte, sagte der Croupier: »Rien ne va plus«, schwang seinen Crack und Mamas fünf Mark waren weg. Das soll auch ein Mensch verste-

hen, dieses Französisch, warum sagt er nicht gleich: »Nichts geht mehr«?

Häppken

Häppchen, kleine Menge, etwas

Watt sachße, du ißt nix? Gezz mach abber ma en Punkt, hier en Häppken, da en Häppken, meinße, datt wär nix?

Was sagst du, du ißt nichts? Jetzt mache aber mal einen Punkt, hier ein Häppchen, da ein Häppchen, meinst du, das wäre nichts?

Hangoff

Penner

Kommt doch da sonn Hangoff anne Tür fechten, und als ich em en Dubbel schmieren will, da sachter doch glatt, nä, datt marrich nich, ich binn schonn satt, hamse nich watt Knete für mich? Watt meinder, watt ich den gescheucht happ!

Kommt doch da so ein Penner an der Türe betteln, und als ich ihm ein Butterbrot schmieren will, sagt der doch glatt, nein, das mag ich nicht, ich bin schon satt, haben Sie nicht etwas Geld für mich? Was meint ihr, wie ich den gejagt habe!

hasse watt kannße

schnell, ruck-zuck

Alser hörte, daddet da watt für laulohne gippt, isser hasse watt kannße dahinn gefeckelt.

Als er hörte, daß es da etwas umsonst gibt, ist er ruck-zuck dorthin gerannt.

Hatschek
wie sonst was, ungef. wie: »wie Blücher an der Katzbach«.
Hadder widder die ganze Innung blamiert, weiler am kalten Büffee reingehauen hatt wie Hatschek.
Hat er wieder die ganze Innung blamiert, weil er am kalten Buffett zugeschlagen hat wie Blücher an der Katzbach.

Heckmeck
siehe: Fissematenten

Heia
Bett, Schlafstatt, mancherorts auch Heiatz genannt
So, mein Schnübbelken, gezz musse abber inne Heia, kleine Blagen dürfen nich so lang aufbleiben.
So, mein Schätzchen, jetzt mußt du aber ins Bett, kleine Kinder dürfen nicht so lange aufbleiben.

Heiermann
Fünfmarkstück

Heiermann im Schlappen
verrückt sein
Du hass wohl en Heiermann im Schlappen, pumpß mich schonn datt vierte Ma an, meinße, ich könnt' Geld kacken?
Du bist wohl verrückt, nun pumpst du mich schon zum vierten Mal an, meinst du, ich könnte Geld selbst produzieren?

Hengel
Henkel
Kannße die Tasse nich annen Hengel packen? Watt meinße wohl, wofür datt dä da drann iss?
Kannst du die Tasse nicht am Henkel fassen? Was meinst du wohl, wozu er sich dort befindet?

Hickeschlick
Schluckauf
Musse ma ganz lang die Luft anhalten, dann geht dä Hickeschlick weck.
Du mußt mal ganz lange die Luft anhalten, dann geht der Schluckauf weg.

Himmel und Erde
ein typisches Gericht aus dem Ruhrgebiet. Man kocht Äpfel und Erdäpfel (Kartoffeln), stampft sie untereinander, gut gewürzt, und reicht dazu gebratene billige Blutwurst
Immer wennet schnell gehn soll mitte Kocherei, gibbtet bei uns Himmel und Erde. Recht so, schmeckt toffte.
Immer wenn es schnell gehen soll mit der Kocherei, gibt es bei uns Kartoffeln und Äpfel untereinander mit billiger Blutwurst. Recht so, schmeckt prima.

hinkeln
auf einem Bein hüpfen, meist bei Kinderspielen mit gezogenen Kästchen, in die die Kinder hineinhüpfen müssen (Straßenspiel)
Datt Hella iss beim Hinkeln umgeknickt. Opp se narem Dockter muß?
Helga ist beim Hüpfen auf der Straße umgeknickt. Ob sie zum Arzt muß?

Hinterkeiler

Homosexueller

Hinterkeiler? Iss nich meine Kragenweite, abber jeder muß mitte Gefühle im Leben selpß zurechtkommen, ne?

Ein Homosexueller? Das ist nicht meine Kragenweite, aber jeder muß mit den Gefühlen im Leben selbst zurechtkommen, nicht wahr?

Hippenlamm

dünner Mensch, mager (extrem)

Datt Hippenlamm vonn Werner nimmt auch kein Gramm zu, dä kann futtern wadder will.

Der magere Werner nimmt auch kein Gramm zu, er kann essen, was er will.

Hirni

Idiot (Kürzelsprache)

Da denkße, du hättß ett middem Fachmann zu tun, und watt isset? En Hirni, wieer im Buch steht.

Da denkst du, du hättest es mit einem Fachmann zu tun, und was ist er? Ein Idiot, wie er im Buche steht.

hömma

höre einmal

Hömma, wie spät isset? Mein Ossnick steht.

Hör' einmal, wie spät ist es? Meine Uhr steht.

höschen
Fußball spielen ohne feste Regeln, siehe: bolzen

holladibolla
überstürzt, auf die Schnelle
Hätteße dich en bissken vorbereitet, brauchteße datt Ganze gezz nich alle holladibolla zu machen.
Hättest du dich ein wenig vorbereitet, brauchtest du das Ganze jetzt nicht überstürzt zu erledigen.

Holschendockter
Ungeschickter, dem nichts von der Hand geht
Sonn Holschendockter, wenn dä en Nagel inne Wand haut, hadder entweder dä Daumen platt, oder datt Bild wadder aufgehänkt hatt, kommt nach ne Stunde widder runner.
So ein Ungeschickter, wenn der einen Nagel in die Wand haut, hat er entweder den Daumen platt, oder das Bild, das er aufgehängt hat, fällt nach einer Stunde wieder herunter.

hopplahopp
siehe: hasse watt kannße

Hospes

Freier, Freund, Ehemann, Verlobter, ein Mann, der zu einer Frau gehört

Na, hatt sich dein Hospes gestern ein' angekremmelt, dadder heut nich aufde Maloche wa?

Na, hat sich dein Mann gestern einen angetrunken, daß er heute nicht zur Arbeit erschien?

Hottemax

Pferd (Kindersprache)

Pappa, wenn wir innen Revierpark gehn, daaf ich dann auwen Hottemax reiten?

Vati, wenn wir in den Revierpark gehen, darf ich dann auf dem Pferd reiten?

Huckel

buckliger Weg, Hügel, etwas Holpriges

Wenne middem Fahrrad fährß, dann nich übberm huckeligen Weech, sonß krisse schnell en Platten.

Wenn du mit dem Fahrrad fährst, dann nicht über einen holprigen Weg, sonst bekommst du schnell eine Panne.

Huckepack

auf dem Rücken tragen, auf dem Rücken etwas transportieren

Datt Marieken kann nich mehr laufen, nimmet gezz huckepack, sonß krichtet noch Blasen anne Quanten.

Das Mariechen kann nicht mehr laufen, trage es jetzt auf dem Rücken, sonst bekommt es noch Blasen an den Füßen.

Hücksken
kleiner Raum, Abstellkammer, auch: im Hücksken gehen (in die Knie oder in die Hocke gehen)
Habbich da gestern stundenlang im Hücksken gesessen und gejätet und heut habbich en Muskelkater, datt iss ga nich mehr feierlich.
Hab ich da gestern stundenlang in der Hocke gesessen und gejätet, und heute habe ich einen Muskelkater, das ist gar nicht mehr feierlich.

hümpeln
gehbehindert, siehe: Humpeltrinna

Humpel
Kothaufen
Omma, ruft datt Ullige, ich muß en Humpel machen.
Großmutter, ruft die Kleine, ich muß groß.

Humpeltrinna
gehbehindertes Mädchen, weiblicher Krüppel
Muss datt Gitta nich immer als Humpeltrinna ausschimfen, datt kann doch auch nix dafür, daddet als Kind ma Kinderlähmung hatte.
Du mußt Gitta nicht immer als Krüppel ausschimpfen, sie kann doch auch nichts dafür, daß sie als Kind einmal Kinderlähmung hatte.

I

Ihmchen

er, der Mann, der Junge

Hasse gehört, datt Ihmchen widder ne neue Olsche hatt?

Hast du gehört, daß er wieder eine neue Frau hat?

Immer

Eimer

Dä rote Immer iss zum Putzen, dä weiße für Ärpel.

Der rote Eimer ist zum Putzen, der weiße für Kartoffeln.

Inne Hacken, ein' inne Hacken ham

betrunken, benebelt, berauscht sein

Hadder widder dä Wecker nich gehört! Immer wenner ein' inne Hacken hatt, passiert datt, soller sich demnächst tellefonisch wecken lassen.

Hat er wieder den Wecker nicht gehört! Immer wenn er betrunken ist, passiert das, soll er sich demnächst telefonisch wecken lassen.

J

Jächta (auf)

auf Trab, spazieren, flanieren gehen

Hasse widder nix anders zu tun, als auf Jächta zu gehn?

Hast du wieder nichts anders zu tun, als spazieren zu gehen?

jau

ja

Jau jau, mach nich sonn Bahei, nur weilich deine Scheiben hör, hörß ja meine auch, wennich nich da binn.

Ja ja, mach' nicht so ein Pallaver, nur weil ich deine Schallplatten höre, du hörst ja meine auch, wenn ich nicht da bin.

jimbachen

lustig sein, feiern, Spaß machen

Heut gehn wir aufde Kirmes, da wird wie immer so richtich rummgejimbacht.

Heute gehen wir auf den Jahrmarkt, da wird wie immer so richtig Spaß gemacht und gefeiert.

jöckeln

sich auf einer Tour vergnügen, herumjöckeln, herumlaufen, um Spaß zu machen oder zu bekommen (Jöckeltour)

Datt wa echt super, letzten Samstach ginget auf Jöckeltour middem Kegelklub.

Das war echt super, letzten Sonnabend ging es auf Vergnügungstour mit dem Kegelklub.

jucheien

jubeln, sich freuen

Gezz hatt dä Köbes (Jacob) abber allen Grund zum Jucheien, endlich hadder die Rente durch.

Nun hat der Jacob aber allen Grund zum Jubeln, endlich hat er die Rente durch.

jucken lassen

sich beeilen, voranmachen

So, gezz lass ma jucken, hass lang genuch die Griffel innen Schoß geleecht, meinße nich auch?

So, jetzt beeil dich einmal, du hast lange genug die Hände in den Schoß gelegt, meinst du nicht auch?

Jück

Juckreiz

Lass datt Kratzen sein, wenne Jück hass, tu da watt Salbe drauf.

Laß das Kratzen sein, wenn du einen Juckreiz verspürst, reibe die Stelle mit Salbe ein.

Jünke

Junge

Unser Jünke iss noch am knacken, musse später noch ma anrufen, dä hatte Nachtschicht.

Unser Junge schläft noch, du mußt später noch einmal anrufen, er hatte Nachtschicht.

Jüppimann

liebevoller Kosename für Josef

Jüppimann nennense alle liebevoll unsern Oberbürgermeister, weiler en Kerl zum Anpacken iss, und weiler für jeden en offenes Ohr hatt, und watt seine Stadt angeht, dafür gehder durjet Feuer.

Alle reden sie unseren Oberbürgermeister Josef mit dem Kosenamen an, weil er ein Kerl zum Anfassen ist, und weil er für jedermann ein offenes Ohr hat, und wenn es um seine Stadt geht, geht er durch's Feuer.

Jüppken

Josef im Kindesalter

Jupp

Josef

K

Kabäusken

kleines Zimmer, Abstellkammer

Mein Kabäusken iss mein Reich, da lassich kein' rein. Auch wennse alle lästern, datt iss mein, klein, abber fein.

Mein Zimmerchen ist mein Reich, da lasse ich niemanden hinein. Auch wenn sie alle lästern, das ist mein, klein, aber fein.

Kabüffken

kleine Kammer, Verschlag, Abstellraum

Nä, datt die für sonn Kabüffken noch ne horrende Miete einstreichen, datt iss ne glatte Unverschämtheit.

Nein, daß die für so einen Verschlag noch eine horrende Miete nehmen, das ist eine glatte Unverschämtheit.

Kackschiss

Kleinigkeit, Lapalie

Watt denn, für sonn Kackschiss holße mich mitten inne Nacht ausem Bett, hasse einklich keine andern Sorgen?

Was denn, für so eine Kleinigkeit holst du mich mitten in der Nacht aus dem Bett, hast du eigentlich keine anderen Sorgen?

käbbeln

zanken, streiten

Man sollet nich für möchlich halten, datt sich Geschwister nur am Käbbeln sind.

Man soll es nicht für möglich halten, daß sich Geschwister nur zanken.

Käffken
kleiner oder schneller Kaffee
Sonn Käffken zwischendurch iss doch watt Feines.
So ein kleiner Kaffee zwischendurch ist doch etwas Feines.

Kalla
Karl
Kalla kommt morgen ausem Urlaup. Watt meinder, watt dä sich freut, dadder widder en bißken Revierluft schnuppern kann.
Karl kommt morgen aus dem Urlaub. Was meint ihr, wie er sich freut, daß er wieder ein wenig Revierluft riechen kann.

kallen
schwätzen, erzählen
Mann, Mann, Mann, dä kann auch immer en Kall kallen, opp datt ma alles stimmt, watt dä da so kallt.
Mann, Mann, Mann, der kann auch immer einen Unsinn schwätzen, ob das alles stimmt, was der da so erzählt.

Kalmusswotteln
krumme Zehen, verunstaltete Zehen, Zehen mit Hühneraugen oder Hornhaut, meist solche, die fußpflegerisch behandelt werden müssen
Nur weiler Schiss inne Bux hatt, sich die Hühneraugen vonne Terwen weckopperiern zu lassen, läßter sich zwei Ma im Monat anne Kalmusswotteln rummschnibbeln und gippt zweiendreißich Märker dafür aus.
Nur weil er Angst hat, sich die Hühneraugen wegoperieren zu lassen von den Zehen, läßt er sich zweimal im Monat an den verunstalteten Zehen herumschnipseln und gibt zweiunddreißig Mark dafür aus.

Kanthaken
siehe: Schlawittchen

Kapinskifest
Sause, Fest mit viel Trallala
Wa datt widder en tofftes Kapinskifest, ett gippt doch nix schöneres, als mitte Nachbarn zu feiern, wenn alle ausde Siedlung zusammenschmeißen für sonne alljährliche Fête. Jeder iss ma drann, datt geht reihumm, und iss ein Kapinskifest gelaufen, freun sich alle schonn auwet nächste.
War das wieder eine tofte Sause, es gibt doch nichts Schöneres, als mit den Nachbarn zu feiern, wenn alle aus der Siedlung zusammenwerfen für so eine alljährliche Fête. Jeder ist einmal an der Reihe, und ist eine Sause gelaufen, freuen sich alle schon auf die nächste.

kappaftich
mit Schwung, mit Ruck, peng, festeweg
Kappaftich hadder eine geklatscht gekricht, watt musser auch alte Leute verarschen.
Peng, hat er eine Ohrfeige bekommen, was muß er auch alte Leute auf den Arm nehmen.

Kapper
Schnapper, auch: Frisör
Bei watt vonn Kapper waaße du denn? Sonne Siebenmonatsköppkenfrisur kannße auch zu Haus geschnitten kriegen, und datt kost' nix.
Bei welchem Frisör warst du denn? So eine Siebenmonatsköpfchenfrisur kannst du auch zu Hause geschnitten bekommen, und das kostet nichts.

Kappes
Kohl
Watt willße machen, Kappes stinkt ma eben, wennen kochß, abber wenner auwen Tisch kommt, dann hauße rein, ne?
Was willst du machen, Kohl stinkt nun einmal, wenn du ihn kochst, aber wenn er auf den Tisch kommt, dann schlägst du zu, nicht wahr?

Kappeshamm
abgelegen, auf dem Lande, ganz weit draußen
Klar würd mein Ottokar gern mitte Familje nach Kappeshamm ziehn. Abber ohne Auto, sachter, iss man da total vonne Außenwelt appgeschnitten.
Klar würde mein Ottokar gerne mit der Familie aufs Land ziehen, ganz weit draußen. Aber ohne Auto, so sagt er, ist man da total von der Außenwelt abgeschnitten.

kappores
kaputt, entzwei
Ich möcht ma wissen, watt du nich kappores kriss, ich glaup, datt iss nich allzu viel.
Ich möchte einmal wissen, was du nicht kaputt kriegst, ich glaube, das ist nicht allzu viel.

kapullewutsch
siehe: kappores (Kindersprache)

Katzoff
Metzger
So, gezz gehße eben rübber narem Katzoff und holß zwei Fund Leber. Heut Mittach gipptet Leber, Sauerkraut und Pürree.
So, jetzt gehst du eben hinüber zum Metzger und holst zwei Pfund Leber. Heute Mittag gibt es Leber, Sauerkraut und Pürree.

Kawenzmann
dicker Brocken
Boo, watt wa datt en Kawenzmann vonn Tomate, datt die übberhaupt anne Staude hängen bliep, wo die so schwer wa.
Huch, was war das ein Brocken von Tomate, daß die überhaupt an der Staude hängen blieb, wo sie doch so schwer war.

Keiloff

Köter, aber liebevoll gemeint für »Hund«

Datt iss en Keiloff, erß wälzter sich inne Kuhfladen rumm, stink wien Sau und dann wedelter noch middem Stett. Wenner dich dann mitte treuen Hundeaugen ankuckt, kannßen doch nich verwixen, dann steckße en inne Pullefass und dann hatt sich datt.

Das ist ein Hund, erst wälzt er sich in den Kuhfladen herum und dann wedelt er noch mit dem Schwanz. Wenn er dich dann mit den treuen Hundeaugen ansieht, dann kannst du ihn auch nicht verhauen, dann steckst du ihn in die Badewanne und dann hat sich das.

Kerlemann

liebevoll für einen kleinen Jungen, für kleines männliches Tier

Komma her, Kerlemann, hier hasse vonne Omma en Heiermann. Die Hälfte kannße verschnuppen, die andere Hälfte tuße inne Sparbüxe, ne?

Komm einmal her, Kleiner, hier hast du von der Oma fünf Mark. Die Hälfte kannst du vernaschen, die andere Hälfte tust du in die Spardose, nicht wahr?

Kicki

kleines Kind oder ein kleines Tier, ein Kiek-in-die-Welt, überhaupt kleiner Mensch, Kleinwüchsiger

Sonn Kicki vonnem Jockey und reitet sonn großes Pät! Red nich sonn Kokolores, Jockeys sind alle ullich! Meinße, die aamen Gäule könnten auch noch sonne Schwergewichter wie dich schleppen?

So ein kleiner Mensch von Jockey und reitet so ein großes Pferd! Rede nicht so einen Quatsch, Jockeys sind alle klein! Meinst du, die armen Gäule könnten auch noch solche Schwergewichter wie dich schleppen?

kiebich

frech, vorlaut, streitbar

Wenn dä Ullige mitte sechs in Betragen ausde Schule kommt, dann hadder bestimmt widder Mist gebaut und wa kiebich fürn Pauker.

Wenn der Kleine mit einer sechs im Betragen aus der Schule kommt, dann hat er sich bestimmt wieder daneben benommen und war vorlaut gegenüber dem Lehrer.

Kieker (auf dem)

im Visier haben

Den habbich schonn lang auwen Kieker. Gezz weisich auch, wer uns morgens die Zeitung immer klaut.

Den habe ich schon lange im Visier. Jetzt weiß ich auch, wer uns morgens die Zeitung immer stiehlt.

kigges

guck

Kigges da, dä rennt schonn datt achte Ma auf und app, nur weiler dä neue Anzuch zeigen will.

Guck da, der rennt schon das achte Mal auf und ab, nur weil er den neuen Anzug zeigen will.

Killefitt

Tand, wertloses Zeug, auch: Kitsch, Ramsch

Trödelmarkt iss gut und schön, abber meinße nich, datt datt langsam zu viel wird? Selpß dä Keller platzt schonn ausde Nähte vor lauter Killefitt.

Trödelmarkt ist ja gut und schön, aber meinst du nicht, daß das langsam zu viel wird? Selbst der Keller platzt schon aus allen Nähten vor lauter wertlosem Zeug.

kimmeln
essen, siehe auch: spachteln, hat nichts mit verkimmeln (siehe: verkimmeln = verlieren) zu tun

Kipparsch
sich übertrieben geben, jemandem dauernd nachlaufen, zu oft irgendwohin laufen, sich Mühe machen, die nicht lohnt
Für watt sich denn da noch en Kipparsch apprennen, datt lohnt sich nich.
Für was sich denn da noch jegliche Mühe machen, das lohnt sich nicht.

Kirmes
Jahrmarkt, Rummel
Eima im Jahr tackelt die ganze Famielje app nachde Kirmes. Bloß Zoff gippt datt immer, wohinn datt geht, nach Crange aufde Kirmes, nachde Beecker Kirmes oder nach Oberkassel aufde Rheinwiesen nachde Kirmes. Alle drei sindet Attraktzjonen.
Einmal im Jahr marschiert die ganze Familie ab zum Jahrmarkt. Bloß Theater gibt es immer, wohin es gehen soll, zum Cranger Rummel, zum Beecker Rummel (Duisburg) oder nach Oberkassel zum Rummel auf den Rheinwiesen. Alle drei sind Attraktionen.

kirre machen
jemanden verwirrt oder verrückt machen durch Übertölpelung
Gezz machense mich ma nich kirre. Erklärense datt vernünftich, sonß wird ma ga nix unterschrieben, denn wenn erß mein »WILLEM« unterm Wisch iss, iss datt schlecht rückgängich zu machen.
Jetzt machen Sie mich nicht verrückt. Erklären Sie das vernünftig, sonst wird gar nichts unterschrieben, denn wenn erst mein »WILHELM« (= Name) unterm Wisch steht, ist das schlecht rückgängig zu machen.

Kitschback
siehe: Killefit

Kitsche
siehe: Appelkitsche

klabüsern
stöbern, wirken, werkeln
Watt klabüserße da innem Kühlschrank rumm, waate, biss daddet Aamdbrot gippt.
Was stöberst du da im Kühlschrank herum, warte, bis es Abendbrot gibt.

Klabusterbeeren

kleine hartgewordene Bröckchen in den Körperhaaren des Menschen

Wenne dich immer orntlich wäscht, kann datt nich passiern, datt sich inne Körperbehaarung Klabusterbeeren bilden, ne?

Wenn du dich immer ordentlich wäschst, kann es nicht passieren, daß sich in der Körperbehaarung Bröckchen bilden, nicht wahr?

Kladderadaatsch

Klatsch, Tratsch, Mist, Nichtiges

Kladderadaatsch? Nä danke, happ kein' Zeit.

Klatsch? Tratsch? Nein danke, hab' keine Zeit.

Kläpperkes

Sandalen aus Holz

Wenichstens im Haus kannße die Kläpperkes ausziehn, man hört dich sowieso schonn vomm weiten.

Wenigstens im Haus kannst du die Holzsandalen ausziehen, man hört dich sowieso schon von weitem.

Kläppken

ein Spielchen mit Karten machen, auch: kleine Klappe

Watt iss, machße gezz en Kläppken mitte Mudder, oder hasse Ankst, datte verlierß?

Was ist, machst du jetzt ein Kartenspielchen mit der Mutter, oder hast du Angst, daß du verlierst?

klamüsern

an etwas herumfummeln, herumbasteln

Je mehr datte dadrann rummklamüserß, desto weniger krisse datt widder zusammengebaut.

Je mehr du daran herumbastelst, desto weniger bekommst du das wieder zusammengebaut.

Klatsch

Schlag

Datt bisse selpß schuld, datte vort Gericht muß. Man kann auch Streit anders ausem Weech gehn, als dreckt Klatsches auszuteilen, oder?

Das bist du selbst schuld, daß du vor's Gericht mußt. Man kann auch Streit anders aus dem Weg gehen, als gleich Schläge auszuteilen, oder?

Klatsches

Prügel, Schläge

Wenn wir Blagen ma früher Klatsches krichten inne Schule, hatt sich kein Mensch dadrübber aufgekröppt, weil wir ett verdient hatten. Abber heut heißt datt Kindesmißhandlung, hasse schomma sonn Scheiß gehört, als wenn dä Lehrer Spaß dadrann hätte, die Blagen zu vermispeln. Nä, nä, ich sach immer, wennich so an früher denk, schade um jeden Schlach, dä vobbei ging.

Wenn wir Kinder mal früher Prügel bekamen in der Schule, hat sich kein Mensch darüber aufgeregt, weil wir sie verdient hatten. Aber heute heißt das Kindesmißhandlung, hast du schon mal so einen Unsinn gehört, als wenn der Lehrer Spaß daran hätte, die Kinder zu schlagen. Nein, nein, ich sag immer, wenn ich so an früher denke, schade um jeden Schlag, der vorbei ging.

Klaubock

Dieb, Stehler

Nimm nich so viel Knete mit inne Badeanstalt, da laufen genuch Klauböcke rumm.

Nimm nicht so viel Geld mit zur Badeanstalt, da laufen genug Diebe herum.

klecken

klecksen

Wenne die Damasttischdecke versauß, bevor datt dä Besuch da iss, kannße vier Mark fuffzich fürde Wäscherei berappen. Nur so gewöhnt man sich datt Klecken app.

Wenn du die Damasttischdecke versaust, bevor die Gäste kommen, kannst du vier Mark fünfzig für die Wäscherei bezahlen. Nur so gewöhnt man sich das Klecksen ab.

klemmen

klauen, stehlen

Habbich richtich gehört, dahinn willße in Urlaup fahrn? Halt bloß bei Tach und Nacht deine Moppen fest, die da sind im Klemmen die appsoluten Weltmeister.

Hab ich richtig gehört, dahin willst du in Urlaub fahren? Halt bloß bei Tag und Nacht dein Geld fest, die sind da im Stehlen die absoluten Weltmeister.

Kletschkopp

Kopf mit fettigen, enganliegenden Haaren

Früher hamse sich Pomade inne Haare geschmiert, dattse en Kletschkopp krichten. Heut nehmense Zuckerwasser, datt die Flusen so richtich schön piel opp stehn, und bunt müssense sein, nix als bunt.

Früher haben sie sich Pomade ins Haar geschmiert, damit sie einen fettigen Kopf bekamen. Heute nehmen sie Zuckerwasser, damit die Haare so richtig schön zu Berge stehen, und bunt müssen sie sein, nichts als bunt.

Klimperkasten

Akkordeon, auch Quetschkasten genannt

Samstach iss Party angesacht bei Erna und Franz, ich freu mich schonn drauf. Programm iss auch knorke, Beckmanns Hein spielt auwem Klimperkasten.

Sonnabend ist Party angesagt bei Erna und Franz, ich freue mich schon darauf. Das Programm ist auch super, Beckmanns Hein spielt auf dem Akkordeon.

Klitsche

kleines Unternehmen, kleiner Betrieb

Lass ma, auch wenn datt nur ne kleine Klitsche iss, die Hauptsache iss, datt Klima stimmt und die Flöhe (Geld) auch.

Laß mal, auch wenn das nur ein kleiner Betrieb ist, die Hauptsache ist, das Klima stimmt und das Geld (der Lohn) auch.

kloppen
klopfen
Menschenskind, gezz kloppße schonn so viel Übberstunden und kommß immer noch nich mitte Moppen aus.
Menschenskind, jetzt machst du schon so viele Überstunden und kommst immer noch nicht mit dem Geld aus.

Kloppes
Schläge, Haue
Wennich dich nomma trappier, datte dä Bobbi immer middem Besenstiel transenierß, dann muße auch ma Kloppes kriegen, dann weiße, wie datt is.
Wenn ich dich noch einmal erwische, daß du den Bobbi mit dem Besenstiel tyrannisierst, dann mußt du auch mal Schläge bekommen, dann weißt du, wie das ist.

Klotschen
Holzschuhe, Klumpen
Zieh die Klotschen aus, wenne innet Haus kommß, machß ja alles dreckich!
Zieh die Holzschuhe aus, wenn du ins Haus kommst, du machst ja alles schmutzig.

Klotzkopp

jemand mit einem ständigen Brett vor dem Kopf, der einen Kopf wie ein Klotz hat, aus Holz, zum Draufschlagen, Holz im Kopf, am Kopf (er kann wohl klotzen, aber nicht denken), Holzkopf

Happ ich ett hier nur mit Klotzköppe zu tun, oder wie seh ich datt?

Habe ich es hier nur mit Holzköpfen zu tun, oder wie sehe ich das?

Klümken

Bonbon

Muss datt sein mitte vielen Klümkes fürde Blagen? Kein Wunder, datt sich die Zahnklempner doof und dämlich verdienen.

Muß das sein mit den vielen Bonbons für die Kinder? Kein Wunder, daß die Zahnärzte so viel verdienen.

Klüngel

Lumpen, auch: loses Verhältnis

Datt datt Hilde en Klüngel middem Theo hatt, nä, datt hädich nich gedacht. Wenn da dä Hein hinterkommt, dann iss abber alles zu spät.

Daß die Hilde ein loses Verhältnis mit dem Theo hat, nein, das hätte ich nicht gedacht. Wenn der Hein dahinterkommt, ist aber alles zu spät.

Klüngelskerl

siehe: Klüngelspitt

Klüngelspitt

Lumpensammler, Schrotthändler (nennen sich heute hochgestochen Buntmetallkaufmann)

Früher krichten die Blagen noch en paa Groschen vonne Klüngelspitter für Lumpen, Eisen oder sonn Zeuchß, da hattense noch Späßken. Abber heut, watt machen die Mistböcke vonne Klüngelspitter heut? Die wollen noch Knete raus ham, Entrümpelung nennense datt, die ham doch echt die Kappe am qualmen.

Früher bekamen die Kinder noch ein paar Groschen von den Lumpensammlern, für Lumpen, Eisen oder ähnlichem, da hatten sie noch Spaß. Aber heute, was machen diese schlitzohrigen Schrotthändler heute? Die wollen noch Geld dafür bekommen, Entrümpelung nennen sie das, die sind doch echt verrückt.

Klüsen

Augen

Muss nur die Klüsen aufmachen, dann siehße, watt inne Welt passiert.

Du mußt nur die Augen aufmachen, dann siehst du, was in der Welt passiert.

Klumpatsch

etwas, was aneinander heftet oder klebt, wie Kitt, Knete, o. ä. Masse, auch Suppen und andere Speisen, die zu dick angebunden sind

Einklich habbich ne Vorsuppe bestellt, Herr Ober, und nich sonn Klumpatsch hier. Datt könnense widder mitnehmen und allein essen.

Eigentlich habe ich eine Vorsuppe bestellt, Herr Ober, und keinen dicken Brei. Den können sie wieder mitnehmen und allein essen.

Klunte

siehe: Köschken

Klötzken

ein vom Schacht mitgebrachter Holzklotz zum Verfeuern

Ne Woche sind schonn keine Klötzkes mehr gehackt worden. Hoffentlich wird datt ma bald watt, sonß könnder sehn, wie Feuer innen Ofen kommt.

Eine Woche sind schon keine Holzklötze mehr gehackt worden. Hoffentlich wird das bald erledigt, sonst könnt ihr sehen, wie Feuer in den Ofen kommt.

Knaatsch

kleiner Streit, kleiner Zank, meist in der Familie, oder mit Nachbarn, der wegen seiner Nichtigkeit bald wieder beigelegt ist

Mit jedem hatt die Olsche ausde Nachbarschaft Knaatsch, die soll ma lieber vorde eigene Tür fegen.

Mit jedem unterhält die Alte aus der Nachbarschaft einen kleinen Zank, sie soll mal lieber vor der eigenen Türe fegen.

knaatschen
für jede Kleinigkeit jammern, jaulen, heulen, weinen
Bisse schonn widder am Knaatschen? Langsam gehße einem abber aufde Nerven, datt geht ja schonn dä ganze Tach so.
Jammerst du schon wieder? Langsam gehst du einem aber auf die Nerven, das geht ja schon den ganzen Tag so.

Knaatschkopp
Knaatscher, siehe: knaatschen

Knäppken
das Anfangs- und Endstück eines Brotlaibes, auch: Kinn
Datt iss zum Mäusemelken, heutzutach will keiner mehr en Knäppken essen, und Brotsuppe mögense auch nich, ich kann doch kein Brot weckschmeißen!
Es ist doch ärgerlich, heutzutage will niemand mehr ein Brot-Endstück essen, und Brotsuppe mögen sie auch nicht, ich kann doch kein Brot fortwerfen!

knautschen
siehe: knüddeln

Kneibel (auf)
siehe: auf Keif, auf Kobitschko

knibbeln

fummeln, friemeln, zupfen, an Pickel oder Ausschlag

Wenne dä Schorf dauernd appknibbelß, heilt datt nie.

Wenn du den Schorf dauernd abzupfst, heilt das nie.

kniepich

geizig

Wenn einer kniepich iss, datt kannße ja noch verstehn, abber wenn einer gierich iss, datt iss für mich zu hoch.

Wenn jemand geizig ist, das kann man ja noch verstehen, aber wenn jemand gierig ist, das ist für mich zu hoch.

Knies

siehe: Knaatsch

Kniesel

ein feiner Draht, umwickelt mit Textil oder Kunststoffasern, zum Reinigen von Tabakspfeifen (Pfeifenreiniger)

Schmeiß dä Kniesel nich immer innen Aschenbecher narem Gebrauch. Datt stinkt, wenn da Stümmel drauf ausgedrückt werden, die noch brennen.

Wirf den Pfeifenreiniger nach dem Gebrauch nicht immer in den Aschenbecher. Das stinkt, wenn Kippen darauf ausgedrückt werden, die noch brennen.

Knies
Fleck, Dreck, Schmutz
Wo waaße denn schonn widder, richtigen dicken Knies hasse anne Buxenbeine.
Wo warst du denn schon wieder, richtigen dicken Dreck hast du an den Hosenbeinen.

kniffelich
komplizierte Kleinarbeit
Nä, für sowatt Kniffliges kannße mich nich kriegen, da putz ich lieber datt Thyssen-Hochhaus in Düsseldorf.
Nein, für so etwas Kompliziertes kannst du mich nicht gewinnen, da putze ich lieber das Thyssen-Hochhaus in Düsseldorf.

Knifte
dicke Brotschnitte
Zu Weihnachten kricht unser Anna ne Brotmaschine geschenkt, damit datt mitte Kniften endlich ma aufhört. Vonne Hand dünne Schnitten schneiden, datt lernt die nämich nie.
Zu Weihnachten bekommt unsere Anna eine Brotmaschine geschenkt, damit das mit den dicken Brotschnitten endlich einmal aufhört. Von Hand dünne Schnitten zu schneiden, das lernt sie nämlich nie.

Knirbel
Popel, siehe: Bullemann

knöseln (ausknöseln)
ein Wäschestück immer mit der Hand auswaschen, bis es unansehnlich geworden ist
Wenne die Wäsche noch lange mitte Hand ausknöselß, siehße nix mehr Weißes. Dann brauchße nur noch en Paa Ohren drannmachen, dann hasse en Esel, so grau wiede Wäsche.
Wenn du die Wäsche noch lange mit der Hand auswäschst, siehst du nichts Weißes mehr. Jetzt brauchst du nur noch ein Paar Ohren daranzumachen, dann hast du einen Esel, so grau wie die Wäsche.

knöttern
meckern, nörgeln, motzen, mäkeln
Knöttern hilft da wenich. Da musse watt unternehmen, oder datt, wodrübberde meckerß und motzt, einfach selpß inne Hand nehmen.
Nörgeln hilft da wenig. Da mußt du was unternehmen, oder das, worüber du meckerst und motzt, einfach selbst in die Hand nehmen.

Knubbel
Brocken, auch: Knoten
Wenne Knubbel unterde Haut hass, dann abber app narem Dockter, am besten sofort.
Wenn du Knoten unter der Haut hast, dann aber schnell zum Arzt, am besten sofort.

knubbeln

sich umarmen, leicht kneifend, sich ein wenig derb dabei geben

Vor lauter Knubbelei vergessen die beiden alles um sich drummrumm. Opp die datt auch noch tun, wennse ma en paa Jährkes verheiratet sind?

Vor lauter Umarmungen vergessen die beiden alles um sich herum. Ob die das wohl auch noch tun, wenn sie ein paar Jährchen verheiratet sind?

knüddeln

zerknittern, verknautschen

Wenne die Wäsche nich ma bald anständich zusammenleechß und bügelß, dann krisse die nich mehr glatt, dann iss die total verknüddelt.

Wenn du die Wäsche nicht mal bald anständig zusammenlegst und bügelst, dann bekommst du sie nicht mehr glatt, dann ist sie total verknautscht.

knülle

k. o., groggy, down

Dä ganze Tach widder auf Trapp, da bisse aams so richtich knülle.

Den ganzen Tag wieder auf Trab, da bist du abends so richtig k. o.

knürzen gehen

laufen gehen, weglaufen

Da konnder abber knürzen gehn, dä Bengel, alsen dä Oppa Bollmann beim Kirschenklauen erwischt hatt.

Da konnte er aber laufen gehen, der Bengel, als ihn der Opa Bollmann beim Kirschenklauen erwischte.

knüsselich

unreinlich, unansehnlich, etwas schmutzig

Da kannße ja sagen, watte willß, dä Ährwin läuft immer watt knüsselich rumm. Ich versteh datt nich, datt seine Olsch nich ma dadrauf achtet. Dä Glanz des Mannes, so hatt unser Mudder immer gesacht, fällt auf die Aul.

Da kannst du ja sagen, was du willst, der Erwin läuft immer etwas schmutzig herum. Ich verstehe das nicht, daß seine Frau nicht mal darauf achtet. Der Glanz des Mannes, so sagte unsere Mutter immer, fällt auf die Frau.

knüstern

basteln, werken, bauen

Ja, da könnder ma hinnkucken, unser' Omma knüstert schonn seit Mai anne Krippe rumm, die abber biss spätestens Advent fertich iss, pickobelleo, mitte ganzen Figuren und Tiere und datt alle.

Ja, da könnt ihr mal hingucken, unsere Oma bastelt schon seit Mai an der Krippe herum, die aber bis spätestens Advent fertig ist, astrein, mit den ganzen Figuren, mit den Tieren und all dem.

knüttern

meckern, sich was leise in den Bart brummen

Gestern hasse übber de Achiele geknüttert, heut knütterße schonn widder. Watt hälße denn davonn, wenne inne Kneipe spachteln gehß, da merkße ma dä Unterschied, und wie teuer datt da iss.

Gestern hast du über's Essen gemeckert, heute meckerst du schon wieder. Was hälst du denn davon, wenn du in der Gaststätte essen gehst, da merkst du einmal den Unterschied, und wie teuer es dort ist.

knuffich

putzig, drollig

Die Mietze vonnem Rolf Bruns, die hatt fünf süße kleine Kätzkes geworfen, nä, watt sind die knuffich.

Die Katze vom Rolf Bruns, die hat fünf süße Kätzchen geworfen, nein, was sind die putzig.

Kobitschko (auf)

auf Pump

Ich versteh datt nich, die Kottkamps, die immer sonne Welle machen und immer nobel tun, auch wennse friern, holen beim Metzger, im Getränkeschopp, anne Bude und sogar innem Blumenladen alles auf Kobitschko, auch inne Kneipe sollense ne Latte ham.

Ich verstehe das nicht, die Kottkamps, die immer so angeberisch sind, auch wenn sie frieren, lassen beim Metzger, im Getränkeshop, an der Trinkhalle und sogar im Blumenladen anschreiben, auch in der Kneipe sollen sie auf Pump trinken.

kodderich

halbkrank, Unwohlsein

Hach, watt isset der Mamma heut kodderich, ich glaup, datt liecht am Wetter.

Ach, was ist der Mutter heute unwohl, ich glaube, das liegt am Wetter.

Köschken

schlampige Frau, Mädchen

Du läufß rumm wien Köschken, musse immer dattselbe anziehn? Hass doch genuch schicke Klamotten.

Du läufst herum wie eine Schlampe, mußt du immer dasselbe anziehen? Du hast doch genug schicke Sachen zum Anziehen.

Köttel

eine Wulst Kot bei Menschen und Tieren, auch: Küttel

Wenne euern Lumpi nich bald ma stumrein kriss, brauchße en ga nich mehr mitbringen, dä hatt schonn widder en Köttel auwen Teppich geleecht.

Wenn ihr euren Lumpi nicht bald stubenrein bekommt, brauchst du ihn gar nicht mehr mitzubringen, er hat schon wieder eine Wulst Kot auf den Teppich gelegt.

Köttelbecke

stinkendes Abwasser, z. B. die Emscher

Da kannße kein Fenster aufmachen, dä Wind steht so ungünstich, da krisse datt Kotzen, so stinkt die Köttelbecke.

Da kannst du kein Fenster öffnen, der Wind steht so ungünstig, da wird dir übel, so stinkt die Emscher.

Köttelkram

Kleinigkeit

Um sonn Köttelkram brauchße nich sonn Hallas machen, datt kriegen wir schonn innen Griff.

Um so eine Kleinigkeit brauchst du nicht so ein Theater zu machen, das bekommen wir schon in den Griff.

Kohldampf

Hunger

Gezz wetzen wir schonn drei Stunden inne Stadt rumm, ich happ Kohldampf, lass uns erß ma inne Fress-Bude gehn.

Jetzt laufen wir schon drei Stunden in der Stadt herum, ich habe Hunger, laß uns erst einmal in eine Imbiss-Stube gehen.

Kohlentöte

Kohlenbehälter

Die olle Kohlentöte kamman beflanzen! Datt Ding wird sowieso nich mehr gebraucht, schade, oder Gott sei Dank?

Den alten Kohlenbehälter kann man bepflanzen! Der wird sowieso nicht mehr gebraucht, schade, oder Gott sei Dank?

Kokolores

Nichtiges, Quatsch, Unsinn

Halt dein' Kokolores für dich, oder erzähl datt dein' Frisör, dä hatt mehr Zeit als ich.

Behalte deinen Unsinn für dich, oder erzähle das deinem Frisör, er hat mehr Zeit als ich.

kooscher (nicht)

nicht astrein, verdächtig

Da iss irgendwatt nich kooscher! Wenn dä schräge Vogel ne Stange Piefkes für en schlappes Schiffken verkloppt, sind die Schmergels mit Sicherheit geklemmt.

Da ist irgendwas verdächtig! Wenn der schräge Vogel eine Stange Zigaretten für zehn Mark verkauft, sind die Zigaretten mit Sicherheit gestohlen.

Kopp

Kopf

Watt denn, ich als Schützenkönigin? Du hass wohl dä Kopp kaputt, weiße, watte da alles springen lassen muß, und wie teuer datt datt iss?

Was denn, ich als Schützenkönigin? Du bist wohl nicht ganz gescheit im Kopf, weißt du, was du da alles spendieren mußt, und wie teuer das ist?

Kotzkröppken

Adamsapfel

Bölk doch nich so, dä ganze Tach pallawerße rumm und aams bisse am jaulen, datt dein Kotzkröppken weh tut.

Schrei doch nicht so, den ganzen Tag erzählst du herum und abends jammerst du, daß dein Adamsapfel weh tut.

krabeulich

schwierig, empfindlich

Und sei nich so krabeulich, wenn dä Dockter ne Spritze setzt! Sonn Pieks iss doch nur wien Mückenstich, und fall bloß nich dreckt in Ohnmacht, kuck einfach woanders hinn.

Und sei nicht so empfindlich, wenn der Doktor eine Spritze setzt! So ein Piekser ist doch nur wie ein Mückenstich, und falle bloß nicht direkt in Ohnmacht, schau einfach woanders hin.

Krampe

Faulenzer

Watt, dä kricht keine Maloche? Die Krampe iss zu faul zu malochen! Wer Maloche sucht, dä findet auch welche, datt glaupße doch wohl.

Was, der bekommt keine Arbeit? Der Faulenzer will gar nicht arbeiten! Wer Arbeit sucht, der findet auch welche, das glaubst du doch wohl.

Krawummdich

Schwung, siehe: Kappaftich

krawuppdich

siehe: kappaftich

Krechel
siehe: Strüngel

kregel
munter, agil
Gehße innen Turnverein, bleipße richtich schön kregel.
Wenn du in den Turnverein gehst, bleibst du richtig schön munter und agil.

kremmeln
etwas trinken
Nä, nä, unser Oppa kremmelt sich nichts, seitdemer noch mit achtensechzich en Lappen gemacht hatt.
Nein, nein, unser Großvater trinkt nichts mehr, seitdem er noch mit achtundsechzig den Führerschein gemacht hat.

kribbelich
nervös, gereizt
Watt bisse denn so kribbelich, hasse Mäuse inne Futt?
Was bist du denn so nervös, hast du Mäuse im Hintern?

krickeln
kritzeln, kritzelige unleserliche Schreibweise, auch: gedankenlos Strichmännchen o. ä. zeichnen
En bissken langsamer geschrieben, und man kannet auch entziffern, die Krickelei brinkt nix.
Ein wenig langsamer geschrieben, und man kann es auch entziffern, die Kritzelei bringt nichts.

kringeln

sich kringelig lachen, sich über etwas halbtot lachen

Ich lach mich kringelich, wenn dä olle Schöller vonne Fahne iss! Datt hatt seine Olsch nämich verdient, wie die dä aame Kerl behandelt hatt.

Ich lache mich halbtot, wenn der alte Schöller über alle Berge ist! Das hat seine Frau nämlich verdient, wie die den armen Kerl behandelt hat.

Kröch

Hund, Köter, auch: Husten

Datt Marie will ja nich hörn, gezz hattse en Kröch weck, weilse dauernd ohne Strümp rummrennt.

Marie will ja nicht hören, jetzt hat sie den Husten bekommen, weil sie dauernd ohne Strümpfe herumläuft.

Kröpper

eine orientierungsschwache Brieftaube, Reisetaube, eine Taube, die nichts taugt, die nichts bringt, die bei Wettflügen, sehr zum Leidwesen eines jeden Taubenvaters, zu lange ausbleibt

Dä Kröpper landet inne Suppe, da kanner Gift drauf nehmen.

Diese unfähige Taube landet in der Suppe, darauf kann sie Gift nehmen.

krösen
kramen
Wenne schonn in meine Klamotten rummkröst, dann räumse auch widder weck, sonß iss watt los.
Wenn du schon in meinen Sachen herumkramst, dann räume sie auch wieder weg, sonst ist etwas los.

Krösken
Krämchen, Techtelmechtel
Happter gehört, mit wem datt Ulla schonn widder en Krösken hatt?
Habt ihr gehört, mit wem die Ulla schon wieder ein Techtelmechtel hat?

Krollekopp
jemand mit krausen Haaren, Lockenkopf
Sonn Krollekopp iss schonn watt wert, brauchße nie Dauerwellen.
So ein Lockenkopf ist schon etwas wert, da brauchst du nie Dauerwellen.

Kroppzeuch
siehe: Gezumpel

Krückmann

Krückstock, auch: Versager, Nichtkönner

Datt iss vielleicht en Krückmann, dä Wimm! Dä Atsche hätte fast en Grang-Hand verlorn und watt macht dä Wimm? Schmeißt sich ne Zehn blank!

Das ist vielleicht ein Nichtkönner, der Wilhelm! Der Arthur hätte fast einen Grand-Hand verloren, und was macht der Wilhelm? Schmeißt sich eine Zehn blank!

krüsselich

kraus

Ne lufttrockene krüsselige Dauerwelle wird gemacht, da hälße die Flusen morgens untern Wasserhahn und fertich.

Eine luftgetrocknete Dauerwelle wird gemacht, da hälst du die Haare morgens unter den Wasserhahn und fertig.

kucken

gucken

Kuck ma, dä Bengel klaut Flieder und datt ausgerechnet beim Pasteck. Ja, und? Hasse doch früher auch gemacht, ne? Oder hatteße da etwa Moppen fürn Muddertach? Und außerdem, dä Pasteck kannen Flieder sowieso nich für sich allein verbrauchen, so viel hänkt dadrann annen Baum.

Guck mal, der Bengel klaut Flieder, und das ausgerechnet beim Pastor. Ja, und? Das hast du doch früher auch gemacht, nicht wahr? Oder hattest du etwa Geld für den Muttertag? Und außerdem, der Pastor kann den Flieder sowieso nicht für sich alleine verbrauchen, so viel hängt an dem Baum.

Kuddelmuddel
Wirrwarr, Durcheinander
Ich möcht ma gern wissen, wer aus sonn Kuddelmuddel schlau werden soll! Da brauchße ja glatt en paa Gelehrte, ummet zu entwirren.
Ich möchte einmal gerne wissen, wer aus so einem Durcheinander schlau werden soll! Da brauchst du ja glatt ein paar Gelehrte, um das entwirren zu können.

Küppken
kleine Tasse, kleines Gefäß
Morgens und aams en Küppken Gesundheitstee kann nich schaden, iss besser als Coffein.
Morgens und abends eine Tasse Gesundheitstee kann nicht schaden, das ist besser als Coffein.

kütt
kommt
Wenn dä Karnevalszuch kütt, musse en Schirm aufspannen und andersrumm halten, damit fänkße die meisten Babbelkes.
Wenn der Karnevalszug kommt, mußt du einen Schirm aufspannen und verkehrt herum halten, damit fängst du die meisten Bonbons.

Kuffnutten
Pöbel, Asoziale, Gesocks
Wennse wenichstens die Kuffnutten vonne wahren Asylsuchenden unterscheiden würden, dann würd hier nich so viel Gezumpel rummgammeln.
Wenn sie wenigstens den Pöbel von den wahren Asylsuchenden unterscheiden würden, dann würden hier nicht so viele Asoziale herumlungern.

Kuhmudder
dicke Frau
Datt hatt die alte Kuhmudder grad nötich zu sagen, ich wär zu fett, dabei brinktse 180 Pfund Lebendgewicht aufde Waage.Das hat die Dicke gerade nötig zu sagen, ich wäre zu fett, dabei bringt sie 180 Pfund Lebendgewicht auf die Waage.

Kukuschinski
mein lieber Mann, mein Lieber, meine liebe Frau (meine liebe Kukuschinski)
Mein lieber Kukuschinski, datt müßteße abber wissen, datt ne Kuh mitte Hinterläufe zuerst aufsteht, hasse datt nich inne Schule gelernt?
Mein lieber Mann, das müßtest du aber wissen, daß eine Kuh mit den Hinterläufen zuerst aufsteht, hast du das nicht in der Schule gelernt?

Kump
Holzschüssel, Blechschüssel oder Napf
Unser Omma ißt lieber die Supp ausde Kump, eh dattse watt danebenkippt, weilse beim Löffeln sonn bissken zittert.
Unsere Oma ißt lieber die Suppe aus einem Napf, ehe sie etwas danebenkippt, weil sie beim Löffeln ein wenig zittert.

Kumpel
Bergmann, Freund, Kamerad
Als Kumpel unter Tage brauch dä Jung orntlich watt zwischende Rippen.
Als Kumpel unter Tage braucht der Junge etwas Ordentliches zum Essen.

Kunt
Hintern
Komisch, wenne datt Martha hörß, die ißt angeblich nix, dabei passtse mitte dicke Kunt in keine Buxe mehr.
Komisch, wenn du Martha hörst, ißt sie angeblich nichts, dabei paßt sie mit ihrem dicken Hintern in keine Hose mehr.

L

labern
schwätzen
Wenne wüßteß, watte da widder vonn Stuss laberß, würdeße ganz schnell die Gosche halten.
Wenn du wüßtest, welchen Unsinn du erzählst, würdest du ganz schnell den Mund halten.

Lalla
Musik (Kindersprache)
Mamma Lalla, Kind will tanzen.
Mach' einmal Musik, Kind will tanzen.

Langen machen
hinfallen, stürzen
Lauf vorsichtich, datt iss glatt draußen, nich datte en Langen machß.
Lauf vorsichtig, es ist glatt draußen, nicht daß du hinfällst.

lappen (einen)
eins auswischen
Dem habbich ein' gelappt, dä wa schonn lange fällich.
Dem hab' ich eins ausgewischt, das war schon lange fällig.

Lappes
ein nicht wichtig oder ernstzunehmender Mensch, auch: ein langer großer Mensch
Wäxt dä immer noch? Dä lange Lappes geht doch gezz schonn noch kaum durchde Tür.
Wächst der immer noch? Der Lange geht doch jetzt schon noch kaum durch die Türe.

lass jucken
mach' voran, laß gehen, beeil dich, zügig
So, gezz lass abber ma jucken! Eh datte dich so beweechß, hatt ne Kuh gekalpt.
So, jetzt mach' aber einmal voran. Ehe du dich bewegst, hat eine Kuh gekalbt.

Lattenschus (haben)
leicht verrückt sein
Seitdem datt dä Jürgen dä Motorradunfall hatte, hadder en Lattenschuss, da könnder sagen, wadder wollt.
Seitdem der Jürgen den Motorradunfall hatte, ist er etwas verrückt, da könnt ihr sagen, was ihr wollt.

Lattenseger
Penner, Obdachloser, auch: Asozialer
Sonn Lattenseger, wadder tachsübber erbettelt, gehder aams versaufen.
So ein Asozialer, was er tagsüber erbettelt, geht er abends versaufen.

Latüchte
Laterne, Lampe
Endlich hamse im Park Latüchter angebracht. Gezz iss datt im Winter aams nich so dunkel, und man kann ne Appkürzung nehmen.
Endlich haben sie im Park Laternen angebracht. Jetzt ist es im Winter abends nicht mehr so dunkel, und man kann eine Abkürzung nehmen.

latzen
zahlen, siehe: löhnen

laulohne

für lau, umsonst

Egal, wo datt watt für laulohne gippt, da findeße alle, und rann gehn die wie dä Fiffi anne Wotteln.

Egal, wo es etwas umsonst gibt, da findest du alle, und 'ran gehen die wie der Fiffi an die Möhren.

Laumann

Schnorrer, jemand, der nur darauf aus ist, für lau etwas zu bekommen, umsonst

Diesma bezahlt dä Laumann abber die Eier, unsere Hühner kriegen wir auch nich für lau, und datt Futter kostet auch watt.

Dieses Mal bezahlt der Schnorrer aber die Eier, unsere Hühner kriegen wir auch nicht umsonst, und das Futter kostet auch Geld.

Lauschepper

siehe: Laumann

linsen

versteckt ein Auge riskieren, lauern, gucken

Lins ma vorsichtich umme Ecke und kuck ma, wer da ankommt.

Schau einmal vorsichtig um die Ecke, wer da ankommt.

Litttitt (auf)
flanieren
Dauernd isse auf Litttitt, wo die bloß die Zeit herholt?
Dauernd flaniert sie herum, wo die bloß die Zeit herholt?

löhnen
zahlen
Wenne watt zu löhnen hass, sindse alle schnell am Ball mitte Eintreiberei! Abber wehe, du hass watt zu kriegen, da rennße nur hinterher.
Wenn du etwas zu zahlen hast, sind alle schnell dabei mit der Eintreiberei! Aber wehe, du hast etwas zu bekommen, da rennst du nur hinterher.

Lötschken
Mädchen
Ich glaup, ich muß ma langsam unser Lötschken innen Haushalt einspannen, sonß lernt die nie watt.
Ich glaube, ich muß einmal langsam unser Mädchen im Haushalt einspannen, sonst lernt sie nie etwas.

Lorbass
Frechdachs, Lümmel
Watt dä Lorbass sich alle rausnehmen daaf! Abber datt kommt davonn, dadder bei Omma und Oppa nach Strich und Faden verwöhnt wird.
Was der Lümmel sich alles herausnehmen darf! Aber das kommt davon, daß er bei Oma und Opa nach Strich und Faden verwöhnt wird.

Lorenz
Mond
Dä Lorenz von Wanne-Eickel, datt muß doch en ganz besonderer Lorenz sein, sonß hättense en nich besungen, oder?
Der Mond von Wanne-Eickel muß doch ein ganz besonderer Mond sein, sonst hätten sie ihn nicht besungen, oder?

lünkern
lauern, spinzen, siehe: linsen

Lulla
Lutsche = Schnuller (Kindersprache)
Gezz musse abber ma langsam datt Kind vonne Lulla appkriegen. Erß ma krichtet vonnet Lutschen schiewe Beißerkes und zweitens hasse nie Ruhe, wenn datt Kind die Lulla ausem Mund verliert und ett anfänkt zu schreien.
Jetzt mußt du aber mal langsam das Kind von dem Schnuller abbringen. Erstens bekommt es vom Lutschen schiefe Zähne und zweitens hast du nie Ruhe, wenn dem Kind der Schnuller aus dem Mund fällt und es zu schreien beginnt.

Lutsche
Schnuller, auch: unvermögender Mensch, Niete
Sonne Lutsche, steht vorm Tor, keiner drinn und watt machter? Schießt dä Fosten an!
So eine Niete, steht vor dem Tor, niemand ist darin, und was macht er? Schießt den Pfosten an!

luurn
lauern, spinzen, siehe lünkern, linsen

M

Maläste

Sorgen, Beschwerden

Mitte Beine hadder widder Maläste, unser Oppa, und spürn, wann datt reechnet, tuder auch, dann hadder immer sonn Ziehen inne Knochen.

Mit den Beinen hat er wieder Beschwerden, unser Großvater, und spüren, wann es regnet, tut er auch, dann hat er immer so ein Ziehen in den Knochen.

Maloche

Arbeit

Ja ja, da iss schonn Verstand drann, Maloche iss datt halbe Leben.

Ja ja, das ist schon richtig, Arbeit ist das halbe Leben.

Mamma

Mama, auch: mach' einmal

Mamma Musick, damit datt en bissken Schwung inne Bude gippt.

Mach' einmal Musik, damit es ein bißchen Schwung in der Wohnung gibt.

mampfen

essen

Lassen doch mampfen, dä Jung iss doch im schönsten Waxtumsalter!

Laß ihn doch essen, der Junge ist doch im schönsten Wachstumsalter!

Männekes machen

mit jemandem den Blöden machen, Dinger machen, die irgendwie nicht astrein oder nicht normal sind, die aus der Rolle fallen, Unsinn, Quatsch oder Irreguläres

Menschenskind, wie kamman nur so blöd sein und nich merken, dattse mit euch nix Gutes vorham, dattse mit euch nur Männekes machen.

Menschenskind, wie kann man nur so blöd sein und nicht merken, daß sie nichts Gutes vorhaben mit euch, daß sie mit euch nur Sachen anstellen, die irgendwie nicht astrein sind.

Maschore

Menge, Angesammeltes

Wenn die ganze Maschore nich bald ma ausem Schoppe kommt, dann geht dä ganze Plunder auwen Sperrmüll.

Wenn das ganze Angesammelte nicht bald aus dem Schuppen kommt, geht der ganze Plunder auf den Sperrmüll.

Massel

Glück haben, Schwein haben

Watt hatt dä Theo vonn Massel, am Samstach hadder im Lotto gewonnen, bei Spiel siebensippzich. Bloß dä Sausack, dä erzählt uns nich, wieviel datt datt wa.

Was hat der Theo ein Glück, am Sonnabend hat er im Lotto gewonnen, beim Spiel 77. Nur dieses Schlitzohr erzählt uns nicht, wieviel es war.

Matschare

Eßbares

Nimm genuch Matschare mit auwen Kämpingplatz, sonß musse widder datt teure Zeuchß da anne Bude kaufen.

Nimm' genug Eßbares mit zum Campingplatz, sonst mußt du wieder das teure Zeug am Kiosk kaufen.

Mauken

Füße, siehe auch: Quanten

Warum datt datt Heidi keine Schangsen beim Dietmar hatt? Weiße datt denn nich? Weilse Mauken hatt wie Kindersärge. Oppwohl datt datt Heidi ja bildhübsch iss, dä Dietmar kannse sich nich angeln, dä gippt app Damenschuhgröße 38 richtichgehend Hackengas, weiler ne Appneigung gegen große Damenmauken hatt.

Warum Heidi beim Dietmar keine Chancen hat? Weißt du das denn nicht? Weil sie Füße hat wie Kindersärge. Obwohl Heidi ja bildhübsch ist, den Dietmar kann sie sich nicht angeln, der läuft ab Damenschuhgröße 38 richtiggehend um sein Leben, weil er eine Abneigung gegen große Damenfüße hat.

Meckerfutt

Nörgler, Meckerer

Seitdem datt dem Scheff die Olsche stiftengegangen iss, iss mit dem nix mehr los, sonne richtige Meckerfutt iss datt geworden.

Seitdem dem Chef die Frau weggelaufen ist, ist mit dem nichts mehr los, so ein richtiger Meckerer ist das geworden.

meimeln

urinieren, pinkeln

Konnteße datt nich noch eben da drinn erledigen? Immer muße meimeln, wenne ausde Kneipe kommß.

Konntest du das nicht noch eben drinnen erledigen? Immer mußt du pinkeln, wenn du aus der Kneipe kommst.

Memm

weibliche Brust

Mein Baby kricht so lang die Memm, wie unser Mudder mich auch gestillt hatt, datt iss Naturgesetz und datt gesundeste waddet gippt.

Mein Baby bekommt so lange die Brust, wie unsere Mutter mich auch gestillt hat, das ist Naturgesetz und das gesündeste, was es gibt.

Memmsinn

Sehnsucht, versinnbildlicht Lust auf Brust, Sinn nach Liebe (nicht geschlechtlich)

Weihnachten habbich immer sonn richtigen Memmsinn nachde Familje, da kann kommen, watt da will. Alle Blagen sind dann bei Vadder und Mudder, middem ganzen Anhang, und wenn da nur einer fehlt, stimmt die Familjentraditzjon nich, abber biss gezz warnse immer noch alle schön versammelt.

Weihnachten habe ich immer so eine richtige Sehnsucht nach der Familie, da kann kommen was will. Alle Kinder sind dann bei Vater und Mutter, mit dem ganzen Anhang, und wenn da nur einer fehlt, stimmt etwas mit der Familientradition nicht, aber bis jetzt waren immer noch alle schön versammelt.

meschugge

siehe: plemmkacki

Mickermänneken

mickriger Mann, klein von Wuchs, mager, ausgezehrt

Happter datt schomma festgestellt, all die Mickermännekes, die ham die größte Schnauze.

Habt ihr das schon einmal festgestellt, alle die Männer, die etwas klein geraten sind, haben die größte Schnauze.

Mischpoke

Gemisch von Menschen aus verschiedenen Ländern, auch Dialektvermischungen bei Menschen, nicht bösartig gemeint, eher scherzhaft

Klar, daddet bei sonne Mischpoke schwer iss, dä Dialekt, datt Platt und auch reingestreute Wörter vonne fremden Länder fein ausenanderzuhalten. Abber datt musse nich so eng sehn. Hauptsache iss, datt man sich versteht, ne?

Klar, daß es bei so einem Gemisch von Menschen aus verschiedenen Ländern schwer ist, Dialekt, Platt und Worte aus verschiedenen Ländern auseinanderzuhalten, ganz fein säuberlich. Aber das mußt du nicht so eng sehen, die Hauptsache ist, man versteht sich, nicht wahr?

Mistbock

durchtriebener Mensch, Schlitzohr, nicht ganz vertrauenswürdig, auch: falsch, hinterhältig, »falscher Fuffziger«

Sonn Mistbock, hatt genuch Knete und malocht trotzdem schwatt und nimmt andern ne gute Stelle auwen Bau weck.

So ein falscher Fuffziger, hat genügend Geld und arbeitet trotzdem schwarz und nimmt anderen eine gute Stelle auf dem Bau weg.

Mitschmatsch

Gemischtes, Gepanschtes, Durcheinander

Erna, watt hasse denn da vonn Mitschmatsch durjenander gekocht, da kannße weder erkennen noch schmecken, watt datt sein soll.

Erna, was hast du denn da für ein Gemisch durcheinander gekocht, da kannst du weder erkennen noch schmecken, was das sein soll.

Möpp

Typ, Zeitgenosse

Sonn fiese Möpp, dä Manni, erß lässter sich vonne Mamma sein Auto bezahlen, dann hadder nie Zeit, se ma hier oder da hinn zu fahrn.

So ein gemeiner Typ, der Manfred, erst läßt er sich von der Mama sein Auto bezahlen, dann hat er nie Zeit, sie hierhin oder dahin zu fahren.

möppern

motzen, meckern, kritisieren

Ewich hasse watt zu möppern, mach du datt erß ma besser.

Ewig hast du etwas zu meckern, mach du das erst einmal besser.

Mörfken

siehe: Schlunze

Mösch

siehe: Möschtigall, auch scherzhalber für weibliches Geschlechtsteil

Möschtigall

Spatz, Sperling, Mösch

Nä, die Stare sind dies Jahr nich widdergekommen, abber dafür wimmelt datt unterm Dach juchhe vonne Möschtigallen.

Nein, die Stare sind in diesem Jahr nicht wiedergekommen, aber dafür wimmelt es unterm Dach von Spatzen.

Monte Schlacko

Schlackenberg

Gezz, wo dä Monte Schlacko so wunderschön grün zugewaxen iss, gezz wollensen apptragen! Die sind doch alle beschruppt, datt hättense vor zwanzich Jahrn tun sollen.

Jetzt, wo der Schlackenberg so wunderschön grün zugewachsen ist, jetzt wollen sie ihn abtragen! Die sind doch alle nicht gescheit, das hätten sie vor zwanzig Jahren tun sollen.

Moppen

Geld

Gezz krichter ne dicke Knappschaftsrente, dä Ernst, abber watt hadder denn davonn? Nix kanner mehr unternehmen mitte Steinstauplunge, da nützen auch die vielen Moppen nix. Hädder die Knete ma früher gehappt, alser noch jung wa, ja ja, ett iss manchma alles verkehrt im Leben.

Jetzt bekommt der Ernst eine dicke Knappschaftsrente, aber was hat er denn davon? Nichts kann er mehr unternehmen mit seiner Steinstaublunge, da nützt auch das viele Geld nichts. Hätte er das Geld mal früher gehabt, als er noch jung war, ja ja, es ist manchmal alles verkehrt im Leben.

More

Angst

Bei Gewitter hamse bei uns alle More, nur unser Vadder nich. Soga dä Keiloff krisse stundenlang nich unterm Bett raus.

Beim Gewitter haben sie bei uns alle Angst, nur unser Vater nicht. Sogar den Hund bekommst du stundenlang nicht dazu, unterm Bett hervorzukommen.

Mottek

Hammer (aus dem Polnischen)

Wovonn unser Udo sonne tollen Muckis hatt? Weiler en ganzen Tach aufde Maloche dä Mottek schwinkt, dä braucht kein Baddy-Bilding und sonn Scheiß.

Wovon unser Udo so tolle Muskeln hat? Weil er den ganzen Tag den Hammer schwingt, der braucht kein Body-Building und so einen Unsinn.

Muckefuck

Kornkaffee, Kaffee aus Korn

Muckefuck? Gibbtet den einklich noch? Ja sicher gipptet den noch.

Kornkaffee? Gibt es den eigentlich noch? Ja sicher gibt es den noch.

mucker sein

Verlangen haben, geil

Dä Kröch iss widder so mucker, dä geht immer retterieren! Ich glaup, ich mussen so lang einsperren, biss datt datt Susi vonnem Balkmann nich mehr heiß iss.

Der Hund ist wieder so geil, der geht immer laufen! Ich glaube, ich muß ihn so lange einsperren, bis die Susi vom Balkmann nicht mehr läufig ist.

Muckis

Muskeln

Klar ham die Keiloffs auch Muckis, und fraach nich, watt für welche! Muß ma unsern Rottweiler bekucken, watt dä die im Nacken sitzen hatt, hart wie Kruppstahl, abber weich isser wie Butter und keinem tuder watt, abber wehe, da will einer anne Famielje, dann kannße ma sehn, watt datt vonn Geschoss iss! Beißen tut dä keinen, abber verbellen.

Klar haben Hunde auch Muskeln, und frag nicht, was für welche! Du mußt mal unseren Rottweiler anschauen, was der im Nacken sitzen hat, hart wie Kruppstahl, aber weich ist er wie Butter, und keinem tut der was, aber wehe, da will einer an die Familie dran, da kannst du mal sehen, was das für ein Geschoß ist. Beißen tut der keinen, aber verbellen.

Mudder

Mutter

Unser Mudder iss die beste Mudder, datt wissen wir Blagen, nich nur am Muddertach.

Unsere Mutter ist die beste Mutter, das wissen wir Kinder, nicht nur am Muttertag.

müffen

stinken, furzen, leise Winde ablassen

Boo, watt hatt hier widder einer gemüfft, ganz stickum, und wenne fraachß, wer datt wa, iss datt natürlich keiner gewesen, gehört hasse ja nix.

Huch, was hat hier wieder jemand leise gefurzt, ganz heimtückisch und stille, und wenn du fragst, wer das war, ist das natürlich keiner gewesen, gehört hast du ja nichts.

mui-mui
lecker, wohlschmeckend (Kindersprache)
Heute gehdet nachde Omma, da gipptet widder Grünkohl unternander mit Mettwoscht, hm, mui-mui.
Heute geht's zur Oma, da gibt es wieder Grünkohl mit Mettwurst, hm, lecker.

Mumpitz
Quatsch, Blödsinn, Unsinn
Mumpitz erzählder, nix als Mumpitz, anne Glotze, inne Filme und inne Bücher, hoffentlich merkter ma bald, dadder unserm Ruhrgebiet damit mehr schadet als nützt.
Nichts als Unsinn erzählt er im Fernsehen, in Filmen und Büchern, hoffentlich merkt er bald, daß er unserem Ruhrgebiet damit mehr schadet als nützt.

muscheln
schludern, schlampen
Da hadder sich ein' zurechtgemuschelt, datt hält widder nur vonn zwölf biss Mittach.
Da hat er sich einen zurechtgeschludert, das hält wieder nur von zwölf bis Mittag.

Muule
siehe: Gosche

N

nabbeln
knabbern
Wenne aams vorde Glotze rummnabbelß, dann krümmel nich immer alles auwen Teppich, sonß sauchße datt demnächst selpß auf.
Wenn du abends vor dem Fernseher knabberst, dann krümel nicht immer auf den Teppich, sonst saugst du das demnächst selbst auf.

Nickel
Biest
Bald gipptet im Betriep ne neue Vormalocherin. Ich happ schomma rummgehorcht, datt soll en Nickel sein.
Bald gibt es im Betrieb eine neue Vorarbeiterin. Ich habe schon mal herumgehorcht, das soll ein Biest sein.

Nötesack
Beutel, Rucksack, auch Geldbörse, stammt wohl aus der Hamsterzeit nach dem Krieg, als man, arg in Nöten und immer hungrig, über Land fuhr, um zu betteln oder auch um zu stehlen. Das Erbettelte oder das Gestohlene kam dann in einen mitgebrachten Sack (Nötesack)
Im Keller iss noch dä olle Nötesack, den kannße nehmen, wenne die Ärpel vom Bur holß.
Im Keller ist noch der alte Rucksack, den kannst du nehmen, wenn du die Kartoffeln vom Bauern holst.

Nuckelpinne
kleines langsames Auto
In sonne Nuckelpinne setz ich mich nich rein, da krisse ja Ankst, datte da ohne Büxenöffner nich mehr rauskommß.
In so ein kleines Auto setze ich mich nicht hinein, da bekommst du ja Angst, daß du da ohne Dosenöffner nicht mehr herauskommst.

Nüschel
Nase
Steck dein' Nüschel nich in anderleuts Angelegenheiten, dann gipptet auch kein' Zoff.
Stecke deine Nase nicht in die Angelegenheiten anderer Leute, dann bekommst du auch keinen Ärger.

Nulpe
Langweiler
Wenn auf Pauls Party nur widder Nulpen rummlaufen, iss dä Aamd für mich gelaufen, eh dadder angefangen hatt.
Wenn auf Pauls Party nur wieder Langweiler herumlaufen, ist der Abend für mich gelaufen, ehe er angefangen hat.

Nuschel
Lusche
Lauter Nuschel habbich aufde Hand beim Skatspielen, Nullewer kannich auch nich bringen, da fehlen die Sippter.
Lauter Luschen hab ich auf der Hand beim Skatspielen, Null-ouvert kann ich auch nicht bringen, da fehlen die Siebener.

Nusch-nusch
Schwein (Kindersprache)
Mamma, kuck ma, datt Nusch-nusch frißt alle Eicheln auf und hömma, watt datt schmatzt.
Mama, schau' mal, das Schwein frißt alle Eicheln auf, und hör' mal, wie es schmatzt.

O

ölen

schwitzen

Da kommße richtich bei am ölen, dä ganze Tach im Gaaten rummwullachen.

Da kommst du richtig ins Schwitzen, wenn du den ganzen Tag im Garten arbeitest.

Ölkräbbelkes

Krapfen

Bleigießen, Ölkräbbelkes, Sauerbraten vom Pät und 'ne Flasche Sekt, wann und wo gehört datt hinn? Richtich, Punkt zwölf beim Jahreswexel.

Bleigießen, Krapfen, Sauerbraten vom Pferd und 'ne Flasche Sekt, wann und wo gehört das alles hin? Richtig, Punkt zwölf beim Jahreswechsel.

Ömmes

großes Ding, siehe: Kawenzmann, auch »er«, der Mann

Watt meinder wohl, wense gestern beide verbotene Demo verhaftet ham? Datt Jutta ihren Ömmes, weiler zu viel Randale gemacht hatt.

Was meint ihr wohl, wen sie gestern bei der verbotenen Demo verhaftet haben? Juttas Mann, weil er zu viel Randale machte.

Öperkes

Geschichten, auch: Schauermärchen, oder: Erzählungen aus uralter Zeit

Die Öperkes, die dä Hans erzählt, die kamman nich alle glaum, da muss man die Hälfte vonn streichen, und datt iss meistens auch noch ausde Luft gegriffen.

Die Geschichten, die der Hans erzählt, die kann man nicht alle glauben, davon muß man die Hälfte streichen, und das ist auch noch aus der Luft gegriffen.

Öschi

siehe: Ömmes, Kawenzmann

Ösken

kleines aufgewecktes Kind, oder auch »Ös« für einen hellen Erwachsenen

Datt Ösken kann schonn lesen und schreiben, oppwohl ett noch nich inne Schule iss.

Das kleine aufgeweckte Kind kann schon lesen und schreiben, obwohl es noch nicht zur Schule geht.

Ötschen

Spatzen, auch »Möschen« genannt, Sperlinge

Ich weiß ga nich, watt die alle gegen de Ötschen ham! Wenne ma richtich hinnkucks, siehße, datt die ga nich ma so schäbbich aussehn, und schlau sindse auch, bloß en bissken frech, abber datt sind wir Menschen ja auch, ne?

Ich weiß gar nicht, was die alle gegen die Spatzen haben! Wenn du mal richtig hinschaust, siehst du, daß die gar nicht so häßlich aussehen, und schlau sind sie auch, nur ein wenig frech, aber das sind wir Menschen ja auch, nicht wahr?

Ötzen

Reste

Scheppt euch nur so viel auf, datt keine Ötzen auwen Teller bleim.

Legt euch bitte nur so viel auf, daß keine Reste auf dem Teller bleiben.

Olle

Frau, Alte

Nä, wie die Olle sich immer mustert, datt iss sagenhaft! Immer schön knallich, oppwohl se schonn übber fuffzich iss, die hatt vom Anziehn so viel Ahnung wie die Kuh vom Sonntach.

Nein, wie die Alte sich immer anzieht, das ist sagenhaft! Immer schön bunt, obwohl sie schon über fünfzig ist, die hat so viel Ahnung vom Anziehen wie die Kuh vom Sonntag.

Oller

Mann

Also, ihr lieben Blagen, datt will ich euch gezz ma ganz deutlich sagen: Watt euer Vadder und mein Oller mitte Freizeit macht, die em ja letzten Endes zusteht, datt geht euch ma ga nix an, iss datt klar?

Also, meine lieben Kinder, das will ich euch jetzt mal ganz deutlich sagen: Was euer Vater und mein Mann mit der Freizeit macht, die ihm ja letzten Endes zusteht, das geht euch gar nichts an, ist das klar?

Omma

Oma, Großmutter

Also, datt iss bei uns schonn seit jeher Sitte, sonntachs gehn wir alle bei unser Omma spachteln.

Also, das ist bei uns schon seit jeher so Sitte, sonntags gehn wir alle zu unserer Großmutter essen.

Ongel
Onkel
Ongel Jupp kommt morgen auf Besuch. Zwei Duwen brinkter mit fürn Vadder, ausem Castroper Schlach.
Onkel Josef kommt morgen zu Besuch. Zwei Tauben bringt er mit für den Vater, aus dem Castroper Schlag. (Castrop = Castrop Rauxel)

Oppa
Opa, Großvater
Oppa Bollwich hatt sich noch 'ne Flamme angelacht! Und datt mit vierensippzich.
Opa Bollwig hat sich noch eine Flamme angelacht! Und das mit vierundsiebzig.

Oschek
Halbstarker, auch: großer Gegenstand
Dä Oschek, dä hatt nur noch seine Disco im Kopp, hoffentlich iss datt kein Dauerzustand.
Der Halbstarke hat nur noch seine Disco im Kopf, hoffentlich ist das kein Dauerzustand.

Ossnick
Uhr
Unser Ossnick anne Wand steht, hammer noch Batterien?
Unsere Uhr an der Wand steht, haben wir noch Batterien?

P

Pät

Pferd

Datt glaupße abber selpß nich, datt datt Fleisch vom Pät billiger iss als Rindfleisch! Watt früher Armeleuteessen wa, iss heut ne Delikatesse, weilet so viel Päde auch nich mehr gippt.

Das glaubst du doch selbst nicht, daß Pferdefleisch billiger ist als Rindfleisch! Was früher als Armeleuteessen galt, ist heute eine Delikatesse, weil es so viele Pferde auch nicht mehr gibt.

pagget

pack es

Pagget an, vonn allein lassen sich keine Probleme ausde Welt schaffen, vonn selpß tut sich übberhaupt nix.

Pack es an, von alleine lassen sich keine Probleme aus der Welt schaffen, von selbst tut sich überhaupt nichts.

Pampuschen

Pantoffeln

Ich happ schöne Pampuschen gekauft, Vadder, ein' zum Anziehn und ein', wode drunner stehß.

Ich habe schöne Pantoffeln gekauft, Vater, einen zum Anziehen und einen, unter dem du stehst.

Panhas

Speisegericht aus Buchweizenmehl und Wurstbrühe. Erkaltet wird er in Scheiben geschnitten und anstelle von Fleisch als Beigabe serviert, auf's Butterbrot gelegt, oder einfach so von der Hand gegessen, oder vom Teller ohne etwas anderes, kann man beim Metzger kaufen, oder aber auch selbst herstellen

So wie Tann Paula kricht kein Katzoff dä Panhas hinn, und die Gewürze, diese reintut, die hütetse wien Staatsgeheimniss.

So wie Tante Paula kriegt kein Metzger das Buchweizengericht hin, und die Gewürze, die sie dafür verwendet, die hütet sie wie ein Staatsgeheimnis.

Pann

Pfanne

Ett geht doch nix übber ne anständige Pann voll Bratärpel, datt iss so richtich schmackes, mit viel Zwiebeln und Speck.

Es geht doch nichts über eine anständige Pfanne voll Bratkartoffeln, die sind so richtig schön schmackhaft, mit viel Zwiebeln und Speck.

panne

verrückt, bescheuert

Dem merkße auf zehn Killometer an, dadder panne im Kopp iss.

Dem merkst du auf zehn Kilometer Entfernung an, daß er verrückt ist.

Pannemann
Blödmann, siehe: Döskopp

Pannschüppe
Schaufel
Mitte Pannschüppe kannße kein' Misthaufen apptragen, da musse schonn 'ne Mistgabel nehmen.
Mit der Schaufel kannst du keinen Misthaufen abtragen, da mußt du schon eine Mistgabel nehmen.

Papp
dicker Brei, pampiges, dick angemachtes Essen
Sowatt marrich nich, dä Papp iss ja so dick, da bleipt jeder Löffel drinn stecken.
So etwas mag ich nicht, der Brei ist ja so dick, darin bleibt jeder Löffel stecken.

Paselacken
siehe: Gesocks

Pasteck
Pastor, Pfarrer
Unser Pasteck iss toffte, dä geht auch ma mit inne Kneipe, oder wennet heißt, datt fürde Siedlung protestiert werden muß, dattse se nich appreißen, isser auch anne Wache. Dä sacht, datt datt sein muß, erstens willer watt fürde Gemeinde tun, und zweitens willer nich auwen Mond leben.
Unser Pastor ist prima, der geht auch mal mit in die Kneipe, oder wenn es heißt, daß für die Siedlung protestiert werden muß, ist er auch am Ball. Er sagt, daß das sein muß, erstens will er etwas für die Gemeinde tun, und zweitens will er nicht auf dem Mond leben.

Patsche

Matsch, Pfützendreck, Matschiges an sich, auch: in der Patsche sitzen, in der Klemme sitzen, in einer ausweglosen Situation

Sehder, gezz sitzter inne Patsche, und keiner hilftem da raus. Kannße widder ma sehn, wadder für Freunde hatt, inne Piep schmoken kannßese allema, die sogenannten Kollegen.

Seht ihr, jetzt sitzt er in der Klemme, und niemand hilft ihm da heraus. Da kannst du wieder einmal sehen, welche Freunde er hat, in der Pfeife rauchen kannst du sie allemal, die sogenannten Kameraden.

Patte

eine dicke, prall gefüllte Brieftasche

Hasse dem seine Patte gesehn? Und da isser immer noch am rummjammern, dadder keine Moppen hätt'.

Hast du dessen prall gefüllte Brieftasche gesehen? Und da jammert er immer noch herum, daß er kein Geld hätte.

Pattjacken

siehe: Gesocks

Patzküttel

Pferdemist

Die Aul Kaminski sammelt immer die Patzküttel und tutse aufde Erdbeern. Versteh ich nich, ich tu da immer Zucker drauf!

Die Frau Kaminski sammelt immer den Pferdemist und streut ihn auf die Erdbeeren. Verstehe ich nicht, ich streue immer Zucker darauf.

Peias

Dummkopf, jemand, den man nicht sonderlich ernst nimmt, auch: Hanswurst, auch: jemand, den man nicht leiden kann

Watt bildet dä Peias sich denn ein, übber andere en Staap zu brechen, dabbei isser selpß blöd wie Bodenstroh.

Was bildet der Dummkopf sich denn ein, über andere den Stab zu brechen, dabei ist er selbst blöde wie Bodenstroh.

peigern

sterben, abtreten, weggehen

Wenn dä Olle Zappuzeck auch noch appeigert, dann iss vonne alte Garde keiner mehr übber.

Wenn der alte Zappuzeck auch noch wegstirbt, dann ist von der alten Garde niemand mehr übrig.

Pellmänner

Pellkartoffeln

En Pott voll Pellmänner und en paa frische Matjes, datt iss doch watt Feines, hm, schmackes.

Ein Topf voller Pellkartoffeln und ein paar frische Matjes, das ist doch etwas Feines, hm, lecker!

Pennerkissen

zu lange Haare im Nacken

Gezz abber app narem Kapper! Mit sonn Pennerkissen kannße nich mehr rummlaufen, datt sieht ja unmöchlich aus.

Jetzt aber ab zum Frisör! Mit solch langen Haaren im Nacken kannst du nicht mehr länger herumlaufen, das sieht ja unmöglich aus.

Penning

Pfennig

Ich brauch mich doch nich zu schämen, en Penning aufde Straße aufzuheben, warum denn auch? Iss doch auch Knete, und außerdem brinkter Glück, und unser Vadder sacht immer: »Wer dä Penning nich ährt, iss des Talers nich wert.«

Ich brauche mich nicht zu schämen, einen Pfennig von der Straße aufzuheben, warum denn auch? Ist doch auch Geld, und außerdem bringt er Glück, und unser Vater sagte immer: »Wer den Pfennig nicht ehrt, ist des Talers nicht wert.«

Penz

Kind

Watt machen die Penze da vonn Krach, können die nich auwen Spielplatz gehn?

Was machen die Kinder da für einen Lärm, können die nicht auf den Spielplatz gehen?

pesen (anpesen)

anmachen, anpöbeln

Ich lass mich nich anpesen! Entweder Sie kallen vernünftich mit mir, oder datt Gespräch iss aufde Stelle beendet.

Ich lasse mich nicht anpöbeln! Entweder Sie reden vernünftig mit mir, oder das Gespräch ist auf der Stelle beendet.

Pettke

schmaler Weg, schmaler Durchgang

Nimmße die Appkürzung durjet Pettke, abber nich, wennet dunkel iss, da brennen keine Latüchter.

Nimm die Abkürzung durch den schmalen Weg, aber nicht, wenn es dunkel ist, da brennen keine Laternen.

Petzelken

kleine Kopfbedeckung

Setz datt Ullige beide Hitze draußen en Petzelken auf, sonß krichtet noch en Sonnenstich.

Setze dem Kind bei der Hitze draußen ein kleines Hütchen auf, sonst bekommt es noch einen Sonnenstich.

Pichel

weibliches Geschlechtsteil

En Riesengeschwür hatte datt Inge, dreckt neben dä Pichel, annen Oberschenkel, zehn Tage laach datt aame Dierken damit im Krankenhaus.

Ein Riesengeschwür hatte Inge, direkt neben der Vagina, am Oberschenkel, zehn Tage lag das arme Schätzchen damit im Krankenhaus.

picheln
siehe: puhlen, krösen

picke-packe
bis oben hin voll
Watt willße denn noch alle mit innen Urlaup schleppen, dä Kofferraum iss schonn picke-packe voll.
Was willst du denn noch alles mit in den Urlaub schleppen, der Kofferraum ist schon bis oben hin voll.

pickobello
schnieke, fein, exakt, chic, bestens, beim Tragen von Kleidungsstücken: wie aus dem Ei gepellt
Pickobello sehnse immer aus, unsere Ansagerinnen inne Glotze, so richtich propper.
Wie aus dem Ei gepellt sehen sie immer aus, unsere Ansagerinnen im Fernsehen, so richtig chic.

Piefken
Zigarette
Hasse ma en Piefken für mich? Die Bude hatt schonn zu, und dä Automat iss kaputt.
Hast du mal eine Zigarette für mich? Die Trinkhalle hat schon geschlossen, und der Automat ist defekt.

piel opp
aufrecht, hoch
Da musse echt aufpassen, wenn beim Kröch dä Stett piel opp steht, und wenner nich damit wedelt, dann iss meistens Gefahr im Verzuch, dann isser bösartich, auch wennet nur im Moment iss.
Da mußt du aufpassen, wenn beim Hund der Schwanz aufrecht steht, und wenn er nicht damit wedelt, dann ist meistens

Gefahr im Verzug, dann ist er bösartig, auch wenn es nur im Moment ist.

Pien

Pein, Schmerz

Wenne Zahnpien hass, dann geh narem Zahnklempner, abber da hasse More und tuß immer so, als wenn da 'ne Bombe vorde Tür liecht, ne?

Wenn du Zahnschmerzen hast, dann geh' zum Zahnarzt, aber da hast du Angst und tust so, als wenn dort eine Bombe vor der Türe liegt, nicht wahr?

Piere

Würmer

Beim Himbeernflücken aufgepasst, da sind meistens Piere drinn.

Beim Himbeerenpflücken aufgepaßt, darin sind meistens Würmer.

Piesel

siehe: Pieselünder

Pieselünder

kleinlicher, überkorrekter Mensch

Dä Pieselünder hatt uns hier im Klupp noch gefehlt, nix sieht dä locker, dä iss so ferkesgenau und brinkt datt fertich und macht ausem Furz en Donnerschlach.

Der Kleinliche hat uns hier im Klub noch gefehlt, nichts sieht er locker, der ist so was von genau und bringt es fertig, aus einem Furz einen Donnerschlag zu machen.

Pillemann

Penis, auch: Pipimann (Kindersprache)

Mamma, Mamma, ich happ inne Bux gemeimelt, ich krichte mein' Pipimann nich so schnell raus, dä Reißverschluss hatt geklemmt.

Mama, Mama, ich habe in die Hose gemacht, ich bekam meinen Penis nicht so schnell heraus, der Reißverschluß klemmte.

pillern

siehe: linsen, lünkern, luurn

Pimpernellis

es an den Nerven bekommen, Zustände kriegen

Ich krich die Pimpernellis, wennich dich malochen seh, eh datt du ma so inne Gänge kommß, kricht mein' Omma en Kind.

Ich bekomme es an den Nerven, wenn ich dich so arbeiten sehe, ehe du mal in Schwung kommst, kriegt meine Oma ein Kind.

pingelich

kleinlich, überempfindlich, genau

Komm, gezz sei ma nich so pingelich, inne Brombeern iss schomma en Pierken, auch wennese gewaschen hass, 'ne Fleischvergiftung wirße ja wohl nich kriegen.

Komm, nun sei mal nicht so überempfindlich, in den Brombeeren ist schon mal ein Würmchen, auch wenn du sie gewaschen hast, eine Fleischvergiftung wirst du wohl nicht bekommen.

Pinkatsch
Blödsinn, Quatsch, Unsinn
Und red nich sonn Pinkatsch, wenne dich vorstellen gehß, red so, wiede biss, wie dein Schnabel gewaxen iss, die merken sowieso, wenne dich gekünßelt gippß.
Und rede nicht so einen Blödsinn, wenn du zum Vorstellungsgespräch gehst, rede wie du bist, wie dir der Schnabel gewachsen ist, die merken sowieso, wenn du dich gekünstelt gibst.

Pinneken
Pinnchen
Wenn dä Udo drei Tage nich anzulabern iss, dann hadder ein' übbern Doscht getrunken, dann wa datt letzte Pinneken Schabau mit Sicherheit schlecht.
Wenn der Udo drei Tage nicht anzusprechen ist, dann hat er einen über den Durst getrunken, dann war das letzte Pinnchen Schnaps mit Sicherheit schlecht.

pinnen
jemandem eins auswischen, einen Streich spielen, siehe: lappen (einen lappen)

Pinunse
Geld, siehe: Moppen
Man sollte sich doch glattweck en Fahrrad kaufen, ich happ schonn widder en Haufen Pinunsen fürde Reppratur annem Scheiß-Auto ausgegeben, exakt 1 191,61 DM! Ich fraach mich nur, wode die ganze Knete hernehmen sollß, wie:

Zentner	=	1 000	DM
Blauer	=	100	DM
Fuffi	=	50	DM
Pfund	=	20	DM
Schiffken	=	10	DM
Heiermann	=	5	DM
Taler	=	3	DM
Beischuck	=	2	DM
Schuck	=	1	DM
Fuchs	=	0,50	DM
Tacken	=	0,10	DM
Pfennig	=	0,01	DM
		1 191,61	DM

Man sollte sich doch einfach ein Fahrrad kaufen! Ich habe schon wieder viel Geld für die Reparatur an dem Scheiß-Auto ausgegeben, genau 1 191,61 DM. Ich frage mich nur, wo ich das ganze Geld hernehmen soll.

Pipifix

Wacholder, weil er die Blase antreibt

Hasse widder zu viel Pipifix getrunken, datte so oft rennen muß?

Hast du wieder zu viel Wacholder getrunken, weil du so oft rennen mußt?

Pips

Erkältung

Treck dich wärmer an, sonß krisse noch en Pips.

Zieh dich wärmer an, sonst bekommst du noch eine Erkältung.

Pisselszeuchs
Kleinkram, Krimskrams, siehe: Kackschiss

Pisspott
Nachttopf
Dä Ullige brauch gezz nich mehr auwen Pisspott, langsam kannßen annet Klo gewöhnen.
Der Kleine braucht jetzt nicht mehr auf den Nachttopf, langsam kannst du ihn ans Klo gewöhnen.

pitschen
sich einen antrinken, siehe: schickern

Pitterkasten
siehe: Pittermann

Pittermann
Gefängnis (Kindersprache)
Boo Mamma, muß dä Ongel Kalla gezz innen Pittermann, weiler im Schrebergaaten Blumen geklaut hatt?
Huch Mama, muß Onkel Karl jetzt ins Gefängnis, weil er im Schrebergarten Blumen gestohlen hat?

Pittmesser
Kartoffelschälmesser, auch: Küchenmesser
Vadder, schärf ma datt Pittmesser, datt iss so stumpf, da kannße ja mit nach Köln reiten.
Vater, schärfe mal das Küchenmesser, das ist so stumpf, damit kannst du ja nach Köln reiten.

Pittstoppen
Kinderkreisel, auch: kleines Kind
Du wirß doch wohl sonn Pittstoppen noch bändigen können, wenner en Wutanfall kricht! Zur Not musse dem ma en Hintern verkammesöhlen.
Du wirst doch wohl dieses Kind noch bändigen können, wenn es einen Wutanfall bekommt! Zur Not mußt du ihm mal den Hintern versohlen.

Plack
Ausschlag auf der Haut, Pickel, Pusteln
Dä Jung iss inne Pubertät, dä Plack, dä geht schonn vonn allein weck. Laß dä erß ma ne Freundin ham, dann verschwindet datt vonn allein.
Der Junge ist in der Pubertät, die Pickel gehen schon von alleine weg. Laß den erst einmal eine Freundin haben, dann verschwindet das von selbst.

plästern
regnen
Wenn datt so weitergeht, iss dä Sommer im Immer, ett plästert schonn drei Wochen annem Stück.
Wenn das so weitergeht, ist der Sommer im Eimer, es regnet schon drei Wochen an einem Stück.

Pläte
Glatze
Anstadder seine Pläte mit Würde trächt, kloppter sich en Tuppee auwen Däz, datt merkt doch jeder, datt sieht nämich aus, als hädder ne Mütze auf.
Anstatt er seine Glatze mit Würde trägt, zieht er sich ein Toupet auf seinen Kopf, das merkt doch jeder, das sieht nämlich aus, als hätte er eine Mütze auf.

pläuschen
schwätzen, siehe: kallen

Platte putzen
abhauen, weggehen
Putz die Platte, dich hammer lang genuch gesehn.
Hau ab, dich haben wir lange genug gesehen.

Plattmoos
beiseite geschafftes Geld, auch: Schwarzgeld
Im Kopp hadder nix, abber neureich nennder sich, weiler appgewixt iss biss aufde Knochen, Land und Leute bescheißt und jede Menge Plattmoos macht, wo kein Finanzamt watt vonn weiß.
Im Kopf hat er nichts, aber neureich nennt er sich, weil er abgebrüht ist bis auf die Knochen, Land und Leute betrügt und jede Menge Schwarzgeld macht, wovon kein Finanzamt etwas weiß.

plemmkacki
siehe: beschruppt

plemm-plemm
siehe: bestußt

Plirr

Schlafreste in den Augen

Hasse dich heut Morgen nich richtich gewaschen, oder wie kommße an dä Plirr inne Augen?

Hast du dich heute Morgen nicht richtig gewaschen, oder wie kommen die Schlafreste in deine Augen?

Plörren

Klamotten, Kleidungsstücke

Pack die Plörren weck, wofür hasse en eigenen Kleiderschrank?

Pack die Klamotten weg, wofür hast du einen eigenen Kleiderschrank?

Plünnen

siehe: Plörren

Plurche

ekelige Brühe, unansehnlich, auch: stinkig

Frau Wirtin, datt Pils iss sauer, datt hatt bestimmt übber Nacht inne Leitung gestanden, zapfense ma durch, biss Pils kommt und keine Plurche, datt hier, datt könnense nich trinken, ährlich.

Frau Wirtin, das Pils ist sauer, das hat bestimmt über Nacht in der Leitung gestanden, zapfen sie mal durch, bis Pils kommt und keine unansehnliche Brühe, das hier, das können sie nicht trinken, ehrlich.

plusterich
sich unwohl fühlen, auch: nicht bei der Sache sein
Nä, mitte Mudder iss heut nix los, richtich plusterich isse, hoffentlich wirdse nich krank.
Nein, mit der Mutter ist heute nichts los, so richtig unwohl fühlt sie sich, hoffentlich wird sie nicht krank.

pöffen
rauchen
Wenn die Lunge schon feift, sollte man aufhörn zu pöffen.
Wenn die Lunge schon pfeift, sollte man aufhören zu rauchen.

Pösters
siehe: Blagen

poppen
Geschlechtsverkehr ausüben
Traurich genuch, datt erß die Aidswelle kommen muß, die die Popperei quer Feld Beet stoppt.
Traurig genug, daß erst die Aidswelle kommen muß, die den Geschlechtsverkehr quer Feld Beet stoppt.

Pott
Topf
Samstachs gipptet bei uns en Pott voll Linsensupp, mit Mettwoscht und Rippkes, und watt wir nich weckputzen, datt wird eingefrorn.
Sonnabends gibt es bei uns einen Topf voll Linsensuppe, mit Mettwurst und Rippchen, und was wir nicht aufessen, wird eingefroren.

Präsers

Präservative

Zustände sind datt, früher hasse die Präsers klammheimlich besorcht, und heutzutach schleppense die Frauen inne Damenhandtasche rumm.

Zustände sind das, früher hast du die Präservative klammheimlich besorgt, und heutzutage schleppen sie die Frauen in der Damenhandtasche herum.

Praller Lorenz

Vollmond, auch: Säufersonne

Alle, die watt am Kopp ham und alle Säufkes ham heut widder ihre liebe Last, dä Lorenz steht prall am Himmel.

Alle, die im Kopf krank sind und alle Säufer haben heute wieder ihre liebe Last, wir haben nämlich Vollmond.

Prengel

Knüppel

Wennse unsern Jung nomma sonn Prengel nachschmeißen, dann isset abber zappenduster mitte gute Nachbarschaft, merkense sich datt.

Wenn Sie unserem Jungen noch einmal so einen Knüppel nachwerfen, dann ist es vorbei mit der guten Nachbarschaft, merken Sie sich das.

prockeln

stochern, lustlos in etwas herumstochern

Nu prockel nich so innem Essen rumm! Wennet nich schmeckt oder wenne kein' Kohldampf hass, dann lasset stehn.

Nun stochere nicht so im Essen herum Wenn es nicht schmeckt oder wenn du keinen Hunger hast, dann lasse es stehen.

prörmeln
sich was in den Bart brummen, herumknurren, leise meckern
Wenne dich ma aussprechen würdß, laut mein ich, dann brauchße nich immer so rummzuprörmeln, datt keiner watt hört und keiner weiß, watte einklich hass oder willß.
Wenn du dich einmal aussprechen würdest, laut meine ich, dann brauchtest du nicht immer leise zu meckern und dir etwas in den Bart zu brummen, so, daß niemand etwas hört und keiner weiß, was du eigentlich hast oder willst.

prötscheln
kochen, braten, backen, am Herd
Wenn Hella annem Herd steht und kann nach Herzenslust prötscheln, dann hattse alles genuch
Wenn Helga am Herd steht und nach Herzenslust kochen, braten und backen kann, dann hat sie alles, was sie braucht.

Pröttel
altes, vergammeltes Auto
Datt iss ja en Ding, kommt dä middem alten Pröttel verdammt noch übbern TÜV!!!
Das ist ja ein Ding, kommt der mit dem alten Auto verdammt noch durch den TÜV!!!

pröttich
schlechte Laune haben, nicht gut aufgelegt sein, miesen Sinn haben
Watt bisse so pröttich, hasse schlechten Sinn?
Was bist du schlecht gelaunt, hast du miesen Sinn?

Prütt

Kaffeesatz

Kauf ma andere Filtertüten, die taugen nix, dä ganze Prütt hasse auwem Kannenboden rummliegen.

Kauf mal andere Filtertüten, die taugen nichts, den ganzen Kaffeesatz hast du auf dem Kannenboden herumliegen.

Prumm

Pflaume

Mein lieber Kukuschinski, datt eine sarrich dir, diesma hilfße beim Prummenflücken! Vorges Jahr iss mein Aam bald appgefallen, so weh hadder getan, kannß ja auch ma aufde Leiter klabastern, ne?

Mein lieber Mann, das eine sage ich dir, diesmal hilfst du beim Pflaumenpflücken! Voriges Jahr ist mir der Arm fast abgefallen, so weh hat er getan, du kannst ja auch mal auf die Leiter steigen, nicht wahr?

puckesatt

übersättigt, übermäßig vollgestopft mit Nahrung

Nä, dä Nachtisch schawich nich, ich bin puckesatt.

Nein, den Nachtisch schaffe ich nicht, ich bin übersättigt.

Püngel

zusammengeschnürtes Bündel

Frollein Kirchner, wennse weiter so rummschlampen als Hausgehilfin, dann könnense zum nächsten Ersten ihrn Püngel packen.

Fräulein Kirchner, wenn Sie weiter so herumschlampen als Hausgehilfin, dann können Sie zum nächsten Ersten Ihr Bündel packen.

Püper

Angst, auch: Feigheit

Wie kann man nur für sonn kleinen Kröch sonn Püper inne Bux ham? Datt iss ja schonn Feichheit.

Wie kann man nur vor so einem kleinen Hund so viel Angst haben? Das ist ja schon Feigheit.

Pütt

Bergwerk

Sogar auwem Pütt sindse heut wählerisch, die nehmen noch lang nich jeden, datt glaup ma, da musse fast en Abbitur ham.

Sogar im Bergwerk sind sie heute wählerisch, die nehmen noch lange nicht jeden, das glaube mal, da mußt du fast Abitur haben.

Püttmann

Bergmann

Dä Werner, dä heißt nich nur Püttmann, dä iss auch Püttmann und datt mit Leip und Seele, dä iss schonn jahrelang aufde Zeche, erß warer Knappe, dann Rutschenbär, und gezz, gezz isser Steiger.

Der Werner, der heißt nicht nur Bergmann, der ist auch ein Bergmann und das mit Leib und Seele, der ist schon jahrelang auf der Zeche, erst war er Knappe, dann Rutschenbär, und jetzt, jetzt ist er Steiger.

Püttrologe

Bergmann, Bergleute

Früher, da hasse dich nich zu schämen brauchen, datt dä Vadder, dä Mann und dä Jung Püttrologen warn, datt wa dammals noch ne Ehre, und die meisten Moppen, die hamse auch verdient.

Früher, da hast du dich nicht zu schämen brauchen, daß der Vater, der Mann und der Junge Bergleute waren, das war damals noch eine Ehre, und das meiste Geld, das haben sie auch verdient.

Puckel

Buckel

Für watt sollich denn noch alles dä Puckel hinnhalten? So breit isser auch nich.

Für was soll ich denn noch alles den Buckel hinhalten? So breit ist er auch nicht.

puhlen

fummeln, bohren, stochern

Puhlt dä sich widder innen Riechkolben rumm, als wenner jeden Moment auf Öl stoßen würd.

Bohrt der sich wieder in der Nase herum, als wenn er jeden Moment auf Öl stoßen würde.

Pulle

Flasche

Fritzken, holße für dä Ongel Köbes en paa Pullen Bier? Krisse auch zwei Groschen.

Fritzchen, holst du für den Onkel Jacob ein paar Flaschen Bier? Dann bekommst du auch zwanzig Pfennig.

Pullefass

Badewanne (Kindersprache)

So, mein Schnubbelken, gezz gehße schön inne Pullefass und deine Pilleente kannße auch mitnehmen.

So, mein Schätzchen, jetzt gehst du schön in die Badewanne und deine Pilleente kannst du auch mitnehmen.

puppsatt

siehe: puckesatt

Puschemeika

weibliches Geschlechtsteil, siehe: Pichel. Nicht abwertend gemeint, sondern eher scherzhaft

Putzlappengeschwader

Putzkolonne

Ja ja, dä Meier, dä malocht sich noch kaputt im Büro, dä merkt erß daddet Feieraamd iss, wenn schonn datt Putzlappengeschwader anrollt.

Ja ja, der Meier, der arbeitet sich noch tot im Büro, der merkt erst, daß Feierabend ist, wenn die Putzkolonne anrückt.

Qu

Quanten

Füße

Willße nich ma deine Quanten waschen? Die stinken zehn Meilen gegen en Wind.

Willst du nicht mal deine Füße waschen? Die stinken zehn Meilen gegen den Wind.

Quasselstrippe

Telefon

Ideen musse schonn ham, wenne datt Änne anne Quasselstrippe hass, sonß krisse die nich mehr vom Hals. Ich mach datt immer so: Mein Hospes muß rausgehn und anne Wohnungstür schellen, und dann sarrich für datt Änne: Da haddet geschellt, ich muss sofort Schluss machen, biss dahinn ma.

Ideen mußt du schon haben, wenn du Änne am Telefon hast, sonst bekommst du sie nicht mehr vom Hals. Ich handhabe das immer so: Mein Mann muß hinausgehen und an der Wohnungstüre klingeln, dann sage ich zur Änne: Da hat es geklingelt, ich muß sofort Schluß machen, bis dahin mal.

quatern

schwätzen, siehe: kallen

Quatschfutt

Klatschtante

Der alten Quatschfutt daafße nix erzählen, schonn ga nich unterm Siegel vonne Verschwiegenheit, datt brinkt die sofort unter de Leute.

Der Klatschtante darfst du nichts erzählen, schon gar nicht unter dem Siegel der Verschwiegenheit, das bringt die sofort unter die Leute.

Quatschkopp

jemand, der viel Blödsinn erzählt, der auch über andere Leute redet, der viel Klatsch und Tratsch in Umlauf bringt, Schwätzer

Gezz pass ma auf, du Quatschkopp, behalt deine Weisheiten für dich, ich hör da nich mehr hinn, datt intressiert mich nich. Datt iss so unwichtich wie nur watt, oppse gezz in China en Sack Reis umkippen, oder du machß dein Schandmaul auf, datt iss echt egal.

Jetzt paß mal auf, du Schwätzer, behalte deine Weisheiten für dich, ich höre da nicht mehr hin, das interessiert mich nicht. Das ist so unwichtig wie nur etwas, ob sie jetzt in China einen Sack Reis umkippen oder du dein Schandmaul aufmachst, das ist mir echt egal.

Quetschkasten

Akkordeon, siehe: Klimperkasten

R

rabotti

zügiges Arbeiten, schnell, hurtig, dalli dalli

Rabotti rabotti, gleich kommt die Scheffin, und wehe, die Ware iss noch nich ausgezeichnet.

Schnell schnell, gleich kommt die Chefin, und wehe, die Ware ist noch nicht ausgezeichnet.

Rachulla

Gieriger, Raffzahn, siehe: rachullrich

rachullrich

geizig, gierig

Watt denn, datt wißter nich, datt dä Hännes rachullrich iss biss inne Terwenspitzen? Dä hatt nich nur en Igel inne Tasche, dä hatt auch noch Stacheldraht ummet Pottmane, und überall wirder nur datt »Sparkassengesicht« genannt.

Was denn, das wißt ihr nicht, daß der Hännes geizig ist bis in die Zehenspitzen? Der hat nicht nur einen Igel in der Tasche, der hat auch noch Stacheldraht um seine Geldbörse, und überall wird er nur das »Sparkassengesicht« genannt.

Räppelken

Kinderrassel, auch: Räppelken kriegen (ausrasten, ausflippen)

Nich fürn Wald voll Affen möchtich dabbei sein, wenn unser Scheff sein Räppelken kricht, wenn dä Schulz widder middem Krankenschein ankommt.

Nicht für einen Wald voller Affen möchte ich dabei sein, wenn unser Chef ausrastet, wenn der Schulz wieder mit einem Krankenschein ankommt.

Rambass

lebhaftes, unternehmungslustiges Kind

Sonn Rambass, den musse ewich unter Kontrolle ham, sonß baut dä nur Mist.

So ein lebhaftes Kind, das mußt du ewig unter Kontrolle haben, sonst macht es nur Unsinn.

rammdösich

verwirrt im Kopf, durch Streß nichts mehr behalten können, einordnen können (Gedanken), auch durch Kopfschmerzen verursachtes Durcheinander im Kopf

Lass uns morgen dadrübber reden, ja? Ich binn heut so rammdösich im Kopp.

Laß uns morgen darüber reden, ja? Ich bin heute so durcheinander im Kopf.

Randel

Fahrradfelgen ohne Speichen und Bereifung. Kinder spielen mit diesem ausgedienten Rad, treiben es mit einem Stock an, bewegen sich damit fort und passen auf, daß der Randel nicht zum Fallen kommt. Mit mehreren Kindern werden auch Wettläufe veranstaltet: wer seinen Randel fallen läßt, scheidet aus, wer ihn am längsten rollen läßt, hat gewonnen.

Mamma, dä Klaus hatt mein' Randel geklaut und inne Ruhr geschmissen.

Mama, der Klaus hat meinen Randel gestohlen und in die Ruhr geworfen.

Rappelfutt
nervöser Mensch, der nicht stillsitzen/-stehen kann
So, du Rappelfutt, wenne mitte Mamma innet Theater willß, dann versuch ma wenichstens die drei Stunden stillzusitzen, und wenne datt nich kannß, musse zu Haus bleim.
So, du nervöses Menschenbündel, wenn du mit der Mama ins Theater gehen möchtest, dann versuche wenigstens, die drei Stunden stillzusitzen, und wenn du das nicht kannst, dann bleibe lieber zu Hause.

Ratsch
Riß
Hasse schonn gesehn, watte vonn Ratsch im Kleid hass?
Hast du schon gesehen, was für einen Riß du im Kleid hast?

Ratsch im Kappes
weicher Kopf, blöd
Wenn ihr meint, ich geh' middem Ollen aufde Straß demonstriern, wose alle vermummt rummlaufen und nur Randale machen ohne jeden Sinn und Zweck, dann happter abber echt 'en Ratsch im Kappes. Meinder, wir lassen uns da noch verkammesöhlen?
Wenn ihr meint, ich gehe mit dem Alten auf der Straße demonstrieren, wo sie alle vermummt herumlaufen und nur Randale machen ohne jeden Sinn und Zweck, dann seid ihr aber ganz schön blöd. Meint ihr, wir lassen uns da noch verprügeln?

rattendulski
verrückt auf etwas sein, scharf hinter etwas her sein.
Happter schomma gemerkt, watt dä Ferdi rattendulski auf datt Gaby iss?
Habt ihr schon mal gemerkt, wie scharf Ferdi auf Gaby ist?

Ratzefummel
Radiergummi
Wenne datt middem Bleistift vorschreipß, kannße datt noch middem Ratzefummel ausradiern, abber beim Kugelschreiber geht datt nich mehr.
Wenn du das mit dem Bleistift vorschreibst, kannst du es noch mit dem Radiergummi ausradieren, aber beim Kugelschreiber geht das nicht mehr.

Ratzekammer
Schlafzimmer
Ratzekammererlepnisse bleiben unter vier Augen, oder?
Schlafzimmererlebnisse bleiben unter vier Augen, oder?

ratzen
schlafen
Wenne ma so viel malochen würdß wiede ratzt, datt wär viel gescheiter.
Wenn du so viel arbeiten würdest wie du schläfst, das wäre viel gescheiter.

Raue

Beerdigungsnachfeier

Jeder weiß datt, datt dä Brinkamms Wimm auf jede Raue geht und sich da durchschickert und durchfuttert, oppwohler die Toten im Leben nich gesehn hatt. Abber keiner sacht watt, weiler nur ne kleine Rente hatt.

Jeder weiß, daß der Wilhelm Brinkmann auf jede Beerdigungsnachfeier geht und sich da durchtrinkt und durchißt, obwohl er die Toten im Leben nie gesehen hat. Aber niemand sagt etwas, weil er nur eine kleine Rente hat.

Reibach

Gewinn, Verdienst, Reinertrag

Wer iss dä schönste Bach? Dä Reibach natürlich!

Was ist der schönste Dienst? Der Verdienst natürlich!

Remmidemmi

lauter, fröhlicher Hergang bei Festen und Feiern

Als datt Lene vorge Woche fuffzich wurde, hatt die Wand gewackelt, und keiner konnte sich beschwern, weilet sonn Remmidemmi gaap, denn alle Nachbarn ham biss morgens um vier mitgejimbacht.

Als die Lene vorige Woche fünfzig wurde, hat die Wand gewackelt, und niemand konnte sich beschweren, weil es so laut war, denn alle Nachbarn haben bis morgens um vier mitgefeiert.

Renne

Straße in der Stadtmitte, wo man von vielen Leuten beim Flanieren gesehen wird

Kuck ma, wattse de Renne auf und app flitzt, die schielt doch nur narem neuen Hospes.

Schau mal, wie sie die Hauptstraße auf und ab läuft, die schielt doch nur nach einem neuen Freier.

retterieren (gehen)

laufen gehen, die Flucht ergreifen

Datt iss doch ganz normal, datt dä Kater dauernd retterieren geht, alle strammen Miezen inne Nachbarschaft sind läufich.

Das ist doch ganz normal, daß der Kater dauernd laufen geht, alle strammen Miezen in der Nachbarschaft sind läufig.

rinn

rein

Rinn inne Ärpel, raus ausde Ärpel, watt willße denn gezz wirklich?

Rein in die Kartoffeln, raus aus den Kartoffeln, was willst du denn jetzt wirklich?

Ritzepimmel

kleinlicher Mensch, der in jeder Ritze etwas sucht, vermutet oder wittert

Bei aller Liebe, sonn Kerl wie dä Max einer iss, möcht ich nich geschenkt ham, datt iss ja sonn richtiger Ritzepimmel.

Bei aller Liebe, so einen Kerl wie der Max einer ist, möchte ich nicht geschenkt haben, das ist ja ein in jeder Richtung kleinlicher Mensch.

Rochus

Wut, Zorn

Ich happ en Mords-Rochus im Bauch, ja iss doch wahr, Mensch. Die Müllappfuhr streikt, die Zeitung streikt, und datt oppwohl die Gebührn bezahlt sind, und watt datt schlimme dadrann iss, alles wird widder nur auwem Puckel vonne Kleinen ausgetragen, die sich wie immer nich ma wehren können.

Ich habe eine Mords-Wut im Bauch, es ist doch wahr, Mensch. Die Müllabfuhr streikt, die Zeitung streikt, und das, obwohl die Gebühren bezahlt sind, und was das Schlimme daran ist, alles wird wieder nur auf dem Buckel der Kleinen ausgetragen, die sich wie immer nicht wehren können.

Röllekes

Lockenwickler

Nä, für dauernd narem Kapper zu rennen habbich kein' Zeit und auch keine Knete, en paa Röllekes tun ett zur Not auch.

Nein, ich habe keine Zeit und auch kein Geld, um dauernd zum Frisör zu laufen, ein paar Lockenwickler tun es zur Not auch.

roppdropp (draufrauf)

daraufgehen, sich auf etwas stürzen

Geht doch unser Fiffi middem Affenzahn auf Nachbars Lumpi roppdropp und hatt den sowatt vonn gebissen, dadder narem Tierarzt mußte. Abber datt iss dä Lumpi selpß schuld, immer wenn unser Fiffi hinterm Törken iss und sich nich wehren kann, kläfft dä Lumpi en an und fletscht die Zähne. Gezz hadder datt davonn, richtich leid tuder uns, und Hallas middem Herrchen vonnem Lumpi krisse mit Sicherheit auch noch, nur weiler widder nich anne Leine wa, dä Fiffi.

Stürzt sich doch unser Fiffi mit einem Affenzahn auf Nachbars Lumpi und hat den so gebissen, daß er zum Tierarzt mußte. Aber das ist der Lumpi selbst schuld, immer wenn unser Fiffi hinterm Törchen steht und sich nicht wehren kann, kläfft Lumpi ihn an und fletscht die Zähne. Das hat er jetzt davon, richtig leid tut er uns, und Ärger mit dem Herrchen von Lumpi kriegst du mit Sicherheit auch noch, nur weil er wieder nicht an der Leine war, der Fiffi.

Rotzblach

kleines freches Kind

Datt Rotzblach hört für keine zwei Penning, datt kommt davonn, datt datt en Einzelkind iss und total verzogen wird, hoffentlich ham die Eltern da später ma keine Maläste mit.

Dieses freche kleine Kind hört für keine zwei Pfennig, das kommt davon, daß es ein Einzelkind ist und total verzogen, hoffentlich haben die Eltern damit später mal keine Sorgen.

Rotzfahne

Taschentuch

Kannße nich deine Rotzfahne vorde Muule halten, wenne nießen muß? Datt ganze Bazillenmutterschiff schleuderße inne Gegend rumm.

Kannst du nicht dein Taschentuch vor den Mund halten, wenn du niesen mußt? Du schleuderst das ganze Bazillenmutterschiff in der Gegend herum.

Rotziger

frecher kleiner Junge, siehe: Rotzblach

Rotzkocher
Pfeife
Weiß dä Deuwel, watt dä da oben widder in sein' Rotzkocher gestoppt hatt, datt stinkt im ganzen Bau.
Weiß der Teufel, was der da oben wieder in seine Pfeife gestopft hat, das stinkt im ganzen Haus.

Rotzlöffel
Ohren
Unser Oppa iss ganz schön clever, dä sacht immer, dä könnt' schlecht hörn, dabbei hadder dauernd die Rotzlöffel aufgesperrt, nur wadder nich hörn will, datt hörder auch nich.
Unser Opa ist ganz schön clever, der sagt immer, er könnte schlecht hören, dabei hat er dauernd die Ohren aufgesperrt, nur was er nicht hören will, das hört er auch nicht.

Rotznase
vorwitziges Kind
Wenn die Rotznase nich alles mittkricht, watt sich Erwaxene unterhalten, isse krank.
Wenn dieses vorwitzige Kind nicht alles mitbekommt, worüber sich Erwachsene unterhalten, ist es krank.

rucki-zucki
schnell, voranmachen, zack-zack
Gezz abber rucki-zucki, inne viertel Stunde kommen die ersten Gäste, und noch nix iss vorbereitet.
Jetzt aber zack-zack, in einer Viertelstunde kommen die ersten Gäste, und es ist noch nichts vorbereitet.

Ruppsack

ruppiger Junge, Mann

Sonn Ruppsack, wenne dem die ährliche Meinung sachß, wirder noch frech.

So ein Ruppiger, wenn du dem die ehrliche Meinung sagst, wird er noch frech.

S

sabbeln
labern, schwätzen, schnell sprechen, quatschen
Datt kannße alle ga nich behalten, watt datt Grete da sabbelt, die quatscht in fünf Minuten en Keiloff kaputt.
Das kannst du alles gar nicht behalten, was die Grete da labert, die schwätzt in fünf Minuten einen Hund kaputt.

Säufken
Alkoholiker
Mitte nachtwandlerische Sicherheit findet en Säufken dä Schabau, auch wennen noch so gut versteckß.
Mit nachtwandlerischer Sicherheit findet der Alkoholiker den Schnaps, auch wenn du ihn noch so gut versteckst.

Salleken
siehe: Babbelken

Saupenz
Flegel, siehe: Penz

Schabau
Fusel, Schnaps
Schabau iss Schabau, datt brauchße ga nich verharmlosen, vonn wegen, dä Schnappes dä hatt nur en paa Prozent.
Schnaps ist Schnaps, das brauchst du gar nicht zu verharmlosen, von wegen der Fusel hat nur ein paar Prozent.

schäbbich

häßlich, unschön

Datt Trutschka iss sowatt vonn schäbbich, datt wär dä appsolute Reißer anne Kasse vonne Geisterbahn.

Die Gertrud die ist so etwas von häßlich, die wäre der absolute Reißer an der Kasse der Geisterbahn.

schafuttern

schimpfen, keifen

Schafuttern hilft da nich viel, versuch ett ma anders.

Schimpfen hilft da nicht viel, versuch es mal anders.

schallern

eine schallern, jemandem eine Ohrfeige geben, eine runterhauen, eine tachteln.

Also Frannek, wenne gezz nich sofort aufhörß mich zu befummeln, krisse eine geschallert.

Also Franz, wenn du jetzt nicht sofort aufhörst mich zu befummeln, bekommst du eine Ohrfeige.

Schaluppi

Schlitzohr, Filou

Wenn dä Schaluppi seine Ware als Sonderangebot auszeichnet, musse drei Ma hinkucken, opp da auch alles mit stimmt. Datt sind entweder Ladenhüter oder da iss sonß watt nich kooscher mit.

Wenn das Schlitzohr seine Ware als Sonderangebot auszeichnet, mußt du dreimal hinschauen, ob damit auch alles stimmt. Das sind entweder Ladenhüter oder damit ist sonst etwas nicht in Ordnung.

Schautermann
Blender, Lügner, jemand, der mehr vorgibt, als er ist
Auf sonn Schautermann fällt man nich rein, sonne Typen musse schonn killometerweit riechen.
Auf so einen Blender fällt man nicht rein, solche Typen mußt du schon kilometerweit riechen.

Schellemännekes
bei fremden Menschen an der Türe schellen und sich dann schnell entfernen
Da iss keiner vorde Tür, die Blagen ham bestimmt widder Schellemännekes gemacht.
Da steht niemand vor der Tür, die Kinder waren da wohl wieder am Werk, haben geklingelt und sich dann schnell entfernt.

scheppen
schaufeln, auch: aufscheppen und auffüllen
Ihr könnt euch euer Essen auch ma alleine aufscheppen, eh ich alle bedient happ, iss m e i n Essen kalt.
Ihr könnt euch eure Mahlzeit auch mal alleine auf den Teller geben, ehe ich alle bedient habe, ist m e i n e Mahlzeit kalt.

Scheppken
kleiner Stieltopf
Speck läßt man nich inne Pann aus, da iss datt Scheppken für da.
Speck läßt man nicht in der Pfanne aus, dazu ist der kleine Stieltopf da.

scherbeln

tanzen

Scherbeln nennße datt? Datt iss doch kein Scherbeln, datt iss Streß hoch drei, hopsen, springen, Köppe schwingen, Bauch an Bauch, eine Hand am Arsch, und datt bei ne Musick, wode dein eigen Wort nich verstehß.

Tanzen nennst du das? Das ist doch kein Tanzen, das ist Streß hoch drei, hopsen, springen, Köpfe schwingen, Bauch an Bauch, eine Hand am Hintern, und das bei einer Musik, bei der du dein eigenes Wort nicht verstehst.

schickern

Alkohol trinken

Also datt musse unsern Kerls hier im Ruhrgebiet ja lassen, die verstehn zu schickern, die verstehn abber auch, dattse am andern Tach widder malochen müssen.

Also das mußt du unseren Männern hier im Ruhrgebiet ja bescheinigen, die verstehen es, Alkohol zu trinken, die verstehen es aber auch, daß sie am anderen Tag wieder arbeiten müssen.

Schickse
abwertend für Mädchen, Frau, loses weibliches Wesen
Iss doch kein Wunder, dattse sonne Schickse nirgendwo einstellen, die iss doch bekannt dafür, dattse Uhu anne Finger hatt.
Ist doch kein Wunder, daß sie so ein loses Mädchen nirgendwo einstellen, das ist doch bekannt dafür, daß es seine Finger nicht bei sich behalten kann.

Schinnos
raffinierter Mensch, helle, aufgeweckt, intelligent, meistens aber angewendet auf Kinder oder Jugendliche
Sonn Schinnos, erß gehdet bei Oppa ne Mark appstauben und dann bei Omma, abber so geschickt, datt dä eine nix vonnem andern weiß.
So ein helles Köpfchen, zuerst geht es beim Opa eine Mark loseisen, dann zur Oma, aber so geschickt, daß der eine nichts vom anderen weiß.

Schiss
Angst, siehe: Strang, Püper

Schisselameng
Pallaver, Theater, Mist, etwas unangenehmes am Hals haben.
Datt bisse selpß schuld, datte gezz sonn Schisselameng am Hals hass! Man sacht nich watt, watt man nich beweisen kann.
Das bist du selber schuld, daß du jetzt so Theater am Hals hast! Man sagt nicht etwas, das man nicht beweisen kann.

Schisser

Augapfel, Liebling, Schätzchen der/die Beste (Schisserken für Kind)

Unser Corry iss en Schisser, immer hilfßbereit, immer gute Laune und watt wichtich iss, ne gute Kassiererin im Skatklupp isse auch.

Unsere Corry ist ein Schätzchen, immer hilfsbereit, immer gute Laune und, was wichtig ist, eine gute Kassiererin im Skatklub ist sie auch.

Schisskojenno

scheiß was drauf, es ist doch egal, was soll's

Schisskojenno, watt soll dä Geiz, datt letzte Hemd hatt keine Taschen.

Egal, was soll der Geiz, das letzte Hemd hat keine Taschen.

schlabbern

etwas verschütten, überschwappen lassen, daneben gehen lassen

Schlabbern kannße prima, kuck ma, wie deine Bluse aussieht, auch 'ne Art Modeschmuck, ne?

Etwas verschütten kannst du prima, schau einmal, wie deine Bluse aussieht, auch eine Art Modeschmuck, nicht wahr?

Schlappi

schlapper Mensch

Dä tut immer so, als wär datt en Schlappi, abber sach ma, dä soll sich en Kasten Bier appholen, watt meinße, watt dä dann inne Mauen hatt!

Der tut immer so, als wäre er ein schlapper Mensch, aber sag mal, er soll sich einen Kasten Bier abholen, was meinst du, was der in den Muskeln hat!

Schlauberger
Besserwisser
Ach nä, du oller Schlauberger, meinße, datt wüßten wir nich auch?
Ach nein, du alter Besserwisser, meinst du, das wüßten wir nicht auch?

schlawenzeln
begierig um ein Objekt, um etwas herumschleichen oder lungern, umkreisen, umgarnen
Watt schlawenzelße dauernd ummet Erna rumm, laß datt nich dä Frannek sehn.
Was lungerst du dauernd um Erna herum, laß das nicht den Franz sehen.

Schlawiner
Herumtreiber, fauler Mensch, auch: Menschen, auf die kein Verlaß ist
Kannße deine Freizeit nich nützlich verbringen, anstatt zu schlawinern?
Kannst du deine Freizeit nicht nützlich verbringen, anstatt dich herumzutreiben?

Schlawittchen
am Kanthaken haben, jemanden bei irgend etwas erwischen
Lange geht datt nich mehr gut, dann hamse dich am Schlawittchen mitte Flurschändung, denn die Miezekätzkes stehn unter Naturschutz.
Lange geht das nicht mehr gut, dann haben sie dich am Kanthaken wegen der Flurschändung, denn die Weidenkätzchen stehen unter Naturschutz.

Schlickefänger
einer, der es faustdick hinter den Ohren hat, auch: Schlitzohr
Sonn Schlickefänger, erß bestellder ne Runde, und dann willer dadrumm knobeln.
So ein Schlitzohr, erst bestellt er eine Runde, und dann will er darum knobeln.

schlindern
schlittern, rutschen, meist auf Eis oder Schnee
Wennet so richtich knackich kalt iss, wird en Immer Wasser auwen Gaatenweech geschüttet und ne toffte Schlinderbahn fürde Blagen gemacht.
Wenn es so richtig knackig kalt ist, wird ein Eimer Wasser auf den Gartenweg gekippt und eine tolle Rutschbahn für die Kinder gemacht.

Schlotfix
jemand, der keinen Wert auf sich und auf etwas anderes legt, auch: Bruder Leichtsinn
Wenn du Schlotfix schonn kein' Wert auf watt leechß, dann leejen wenichstenß auf dich.
Wenn du Bruder Leichtsinn schon keinen Wert auf etwas legst, dann leg ihn wenigstens auf dich.

schlubbern
schlampen, auch im Haushalt
Heut wird dä Schlubberwisch gemacht, dä Hausflur iss ja noch nich so dreckich.
Heute wird der Schlampenwisch gemacht, der Hausflur ist ja noch nicht so schmutzig.

Schluffen
Pantoffeln, siehe: Pampuschen

Schlunze
Schlampe
Die alte Schlunze, die sollte ma lieber ihrn Haushalt auf Vordermann bringen statt nur zu knacken und zu traatschen.
Die alte Schlampe, die sollte mal lieber ihren Haushalt auf Vordermann bringen anstatt nur zu schlafen und zu klatschen.

Schlunzkopp
unordentlicher Junge, Mann, wie: weibliche Schlampe
Nä, als Schlunzkopp habbich unsern Jung nich großgezogen! Datt Unordenliche, datt hadder sich vonn allein beigebracht, alser seine erste Bude hatte. Und wisster, wadder da noch sacht? »Endlich ma kein Drill vonne Modder«. Sowatt!!!
Nein, als unordentlichen Jungen habe ich unseren Sohn nicht großgezogen! Die Unordnung hat er sich alleine beigebracht, als er seine erste kleine Wohnung hatte. Und wißt ihr, was er gesagt hat? »Endlich einmal keinen Drill von der Mutter«. So etwas!!!

Schlurfen
oder auch **schlindern**
laufen, ohne die Beine anzuheben. Schlindern = schnell, meistens auf dem Eis oder auf Schlinderbahnen oder gefrorenem Eis auf Gehwegen oder Straßen. Schlurfen ist langsames Gehen aus Bequemlichkeit, meistens im Haus
Warum schlurfße einklich nur mitte Pampuschen so? Wenne Schuhe an hass, tuße datt doch nich.
Warum hebst du die Beine nur in Pantoffeln nicht? Wenn du Schuhe trägst, machst du doch so etwas nicht.

Schluwen
kleine Bröckchen Frucht im Saft, oder die Hülsen von Hülsenfrüchten in der Suppe (Erbsen, Bohnen, Linsen)
Stell dich nich so an, datt iss nix Fieses inne Pulle, datt sind die Schluwen vonne Frucht.
Stell' dich nicht so an, in der Flasche ist nichts Ekelhaftes, das sind die kleinen Fruchtstückchen.

Schmach
Hunger
Dä Keiloff musse gezz öfter füttern, dä wäxt und hatt ewich Schmach.
Den Hund mußt du jetzt öfter füttern, der wächst und hat ewig Hunger.

Schmachlappen
Hungerleider, auch: dünner Mensch
Entweder kricht dä Schmachlappen nix Anständiges zwischen de Rippen, oder dä gizt annem Essen, dä Schrapphals.
Entweder bekommt der Hungerleider nichts Anständiges zwischen die Rippen, oder er spart am Essen, der Geizhals.

schmackes
lecker, wohlschmeckend
Wennse bei uns stickum en Teller applecken, wa datt widder echt schmackes.
Wenn sie bei uns heimlich den Teller ablecken, war das wieder richtig lecker.

Schmand
Haut auf der gekochten Milch oder auf Suppen, die erkaltet sind
Ie, dä Schmand marrich nich, dä muß app.
Igitt, die Haut auf der Milch, die mag ich nicht, die muß weg.

Schmecklecker
Feinschmecker, Genießer
Eima im Monat gehdet innen Schmeckleckerladen, und dann gipptet auch ma Aal, Lax, Krabben, Pastete, Wild, Fasan oder sowatt ganz Tolles.
Einmal im Monat geht's in den Feinschmeckerladen, und dann gibt es auch mal Aal, Lachs, Krabben, Pastete, Wild, Fasan oder etwas ganz Tolles.

Schmergel
Zigarette, siehe: Piefken

Schmieraasch
Geschmiertes (mit Geld oder Wertsachen jemanden schmieren) oder auch: Brotaufstrich
Ohne Schmieraasch brauchße da ga nich anzukloppen, da iss nix zu machen.
Ohne zu schmieren brauchst du dort gar nicht anzuklopfen, da ist nichts zu machen.

Schmierlapp
unsauberer, schmutziger Mensch (auch charakterlich)
Sonn Schmierlapp, nur um seine Vorteile zu wahren, lücht dä, datt sich sämtliche Balken biegen.
So ein charakterlich unsauberer Mensch, nur um seine Vorteile zu wahren, lügt er, daß sich sämtliche Balken biegen.

Schmodder
Glitschiges, Schmutz, glitschige Reste im Ausguß der Küche, des Bades, in Gefäßen wie Eimer und Kannen, auch Nasenschleim oder Schleim aller Art, z. B. auch bei Schnecken und Fischen, auch »Flitsch« genannt.
Wenne dä Schmodder vonne Fische besser appkriegen willß, musse watt Salz nehmen.
Wenn du das Glitschige vom Fisch besser entfernen willst, dann mußt du etwas Salz nehmen.

schmoken
rauchen, siehe: pöffen

schmüserich
verschmust
Ja, und warum iss datt Stöppken so schmüserich bei jedem? Weilet so oft alleingelassen wird und bei Jan und Mann zum Sitten appgeschoben wird, weiler euer Vergnügen ham wollt.
Ja, und warum ist das kleine Kind so verschmust mit jedem? Weil es so oft alleingelassen wird und überall zum Babysitten abgeschoben wird, weil ihr euer Vergnügen haben wollt.

Schnäbbel
geschwätziger Mensch, siehe: schnäbbeln

Schnäbbelfutt
siehe: Quatschfutt

schnäbbeln
schwätzen, siehe: sabbeln

schnafte
komisch
Schnafte, schnafte, ich happ nie gewußt, datt dä Emil en Vorkind iss, datt weiß dä glaup ich selpß nich. Abber gezz habbich ma zufällich datt Famieljenbuch vonnet Paula, Emils Mudder, inne Finger gekricht, und da stehdet schwatt auf weiß, im Februar hatt datt Paula geheiratet und Anfang Juni iss dä Emil angekommen, ganz schön stramm isser geworden als Viermonatskind. Ich wußte ga nich, datt die übberleben! Ja ja datt Paula, datt willse nich wissen!
Komisch, komisch, ich habe nie gewußt, daß der Emil eine Frühgeburt ist, das weiß er, so glaube ich, nicht einmal selbst.

Aber jetzt habe ich zufällig das Familienbuch von Paula, Emils Mutter, in die Finger bekommen, und da steht es schwarz auf weiß, im Februar hat Paula geheiratet, und Anfang Juni ist Emil angekommen, ganz schön stramm ist er geworden als Viermonatskind. Ich wußte gar nicht, daß die überleben. Ja ja die Paula, das will sie nicht wissen.

Schnappes
Schnaps, siehe: Schabau

schnasseln, sich einen schnasseln
trinken (Alkohol), siehe: kremmeln

Schnatz (kein)
Stück
Kein Schnatz gipptet mehr! Wenne dein Taschengeld schneller alset die Pollezei erlaupt ausgippß, bisse datt selpß schuld.
Nichts gibt es mehr! Wenn du dein Taschengeld schneller als es die Polizei erlaubt ausgibst, bist du selbst schuld.

Schnibbel
Papierschnipsel
Gezz isset abber langsam zappenduster mitte Schnibbelei, macht bloß die Schnibbel weck, oder meinder, ich wollt hier ne Konfettiparade apphalten?
Jetzt ist aber Feierabend mit der Schnipselei, macht bloß die Papierschnipsel weg, oder meint ihr, ich wollte hier eine Konfettiparade abhalten?

Schnödderbell
eine Nase, die ständig läuft
Datt Ströppken hatt ne Schnödderbell, tu ma watt dagegen.
Das Kind hat eine ständig laufende Nase, unternehme etwas dagegen.

Schnoratti
Schnorrer
Wovonn dä Beckers Wimm zwei Häuser stehn hatt? Ich kenn den nich anders als Schnoratti, und datt schonn vierzich Jahre lang.
Wovon Beckers Wilhelm zwei Häuser stehen hat? Ich kenne ihn nicht anders als Schnorrer, und das schon vierzig Jahre lang.

Schnorrbüll
Beutel zum Schnorren, siehe: Nötesack

Schnubbel
Schätzchen
Schnubbel, komma bei dä Pappa auwen Schoß, biss ja doch die Beste.
Schätzchen, komm' einmal zum Papa auf den Schoß, du bist ja doch die Beste.

Schnüff
keine Lust, keinen Bock auf etwas haben
Ich happ kein Schnüff innet Kinno zu gehn, datt iss viel zu heiß.
Ich habe keine Lust ins Kino zu gehen, es ist viel zu heiß.

Schnüffel
Nase

Schnüfken
Schätzchen, siehe: Schisser

Schnüss
liebevoll für: Schnauze, Mund
Gezz krisse en Küssken, mitten aufde Schnüss, weile immer so liep biss.
Nun bekommst du ein Küßchen, mitten auf den Mund, weil du immer so lieb bist.

Schnuffcl
siehe: Schnubbel

schnuffich
niedlich
Och, watt iss datt Kätzken schnuffich und so verspielt, kuck ma! Abber die Krallen, die kannet auch schonn gebrauchen.
Ach, was ist das Kätzchen niedlich und so verspielt, schau mal! Aber die Krallen, die weiß es auch schon zu gebrauchen.

schnuppen
naschen
Datt Schnuppen, datt musse dranngeben, dann nimmße auch app.
Auf das Naschen mußt du verzichten, dann nimmst du auch ab.

Schnute
siehe: Schnüss

Schock
Jahrmarkt, Volksfest, Rummel, siehe: Kirmes

Schockfreier
Kirmespenner
Opp datt ma alle Schockfreier sind? Die müssen hart anpacken, wenn die Fahrgeschäfte auf- und appgebaut werden.
Ob das alles Kirmespenner sind? Die müssen hart anfassen, wenn die Fahrgeschäfte auf- und abgebaut werden.

Schössken
kleine Lade, kleines Fach in Schränken, Kommoden und dergleichen
Ein Schössken musse im Haushalt ham, wode dä ganze Krimskrams rein tuß.
Eine Lade mußt du im Haushalt haben, in die der ganze Krimskrams hineinkommt.

Scholli (ach du lieber Scholli)
Ausruf des Erstaunens, wie »Ach du lieber Himmel« oder »Ach du meine Güte«
Ach du lieber Scholli, wie siehß du denn aus, bisse gefallen, oder gabet ne Schlägerei mit Tanzmusick?
Ach du meine Güte, wie siehst du denn aus, bist du gefallen, oder gab es eine Schlägerei mit Tanzmusik?

Schoppe
Schuppen, Stall, Gerätehäuschen, Gartenhäuschen
Klar musse dä Schoppe mitversichern lassen! Dä Rasenmäher, die Bohrmaschinen, dä Sprenger und all die Geräte, datt sind doch Werte.
Natürlich mußt du den Schuppen mitversichern lassen! Der Rasenmäher, die Bohrmaschinen, der Sprenger und all die Geräte, das sind doch Werte.

Schott
Luke, Fenster, Loch, Klappe
Mach datt Schott dicht, ett zieht.
Mach das Fenster zu, es zieht.

Schotter
Geld
Verdient en Haufen Schotter, abber kurz vorm Ersten brinkter datt Leergut anne Bude, dadder sich noch en paa Piefkes kaufen kann.
Er verdient einen Haufen Geld, aber kurz vor dem Ersten bringt er das Leergut zur Trinkhalle, damit er sich noch ein paar Zigaretten kaufen kann.

schrappen

raffen

Ich weiß ga nich, wofür die Aul Sonntach so viel schrappt, Blagen hattse keine, Wittwe isse und ne dicke Pension hattse auch. Datt kricht bestimmt ma alles die Kirche, da renntse sich nämich dä Kipparsch hinn app, oppwohlse dä Deuwel in Person iss.

Ich weiß gar nicht, wozu die Frau Sonntag so viel rafft, Kinder hat sie keine, Witwe ist sie auch und eine dicke Pension bekommt sie ebenfalls. Das bekommt sicherlich einmal alles die Kirche, dorthin läuft sie nämlich ständig, obwohl sie der Teufel in Person ist.

Schrapphals

Geizhals (auch Gizhals)

Dä olle Schrapphals dä, dä schrappt sich noch ummen eigenen Verstand.

Der alte Geizhals der, der geizt sich noch um seinen eigenen Verstand.

schrappich

siehe: rachullrich

Schrümmel

etwas Unansehnliches, verkümmertes, altgewordenes Zeugs

Schmeiß dä Schrümmel vonn Pottblume bloß weck, datt wird nix mehr, die iss ja total vertrocknet.

Wirf bloß die verkümmerte Topfblume weg, die wird nichts mehr, die ist ja total eingetrocknet.

schruppen
schrubben, auch: jemanden schröpfen, besiegen
Dä Schorsch hamse beim Skatspielen sowatt vonn geschruppt, daddem datt Spielen inne nächsten paa Wochen gehörich vergangen iss.
Den Georg haben sie beim Skatspielen dermaßen geschröpft, daß ihm das Spielen in den nächsten paar Wochen gehörig vergangen ist.

schubbeln
sich jucken, sich kratzen
Watt schubbelße dich so, hasse Flöhe?
Was kratzt du dich so, hast du Flöhe?

schubbich
ungemütlich, kalt, zugig, auch: naßkalt
Iss datt widder schubbich draußen, man könnte glatt schonn die Heizung anstellen, auch wennet erß September iss.
Ist das wieder kalt draußen, man könnte glatt schon die Heizung anstellen, auch wenn es erst September ist.

Schubnickel
ausgenutztes menschliches Arbeitspferd
Warum se aus datt Maria aufde Maloche en Schubnickel machen, iss doch ganz klar! Die wissen genau, datt datt Mädchen More hatt, daddet rausgeschmissen wird, wo ett doch so viele gippt, die gerne Maloche hätten, datt iss ja grade die Sauerei.
Warum sie aus Maria auf der Arbeit ein Arbeitspferd machen, ist doch ganz klar! Das Mädchen hat Angst, daß es rausgeschmissen wird. Und das wissen die ganz genau, wo es doch so viele gibt, die gerne Arbeit hätten, das ist ja gerade die Sauerei.

Schüppe
Schaufel
Unser Fiffi hatt auwen Bürgersteich geküttelt, nimm ma ne Schüppe und mach datt weck.
Unser Fiffi hat ein Häufchen auf den Bürgersteig gelegt, nimm mal die Schaufel und entferne es.

Schüppken machen
Flappe ziehen, Schnute machen
Ja, so isse, die beleidichte Schönheit, en Schüppken kannse ziehen, abber sich wehren? Keine Spur!
Ja so ist sie, die beleidigte Schönheit, eine Schnute kann sie machen, aber sich wehren? Keine Spur!

schüsskes
Aufwiedersehen
So, ich sach gezz schüsskes, ett wird Zeit, gleich isset dunkel.
So, ich sage jetzt Aufwiedersehen, es wird Zeit, gleich ist es dunkel.

Schulla
Abkürzung für Schularbeiten (Kindersprache)
Schulla sind fertich, daaf ich gezz nach draußen spielen?
Die Schularbeiten sind fertig, darf ich jetzt nach draußen gehen und spielen?

Schussel
ein vergeßlicher Mensch, ein nachlässiger Mensch
Tja, wenn du Schussel immer dein' Fahrausweis vergißt, brauchße dich nich wundern, wennse dich ma beim Schwattfahrn trappiern.
Tja, wenn du immer so vergeßlich bist, und deinen Fahrausweis nicht einsteckst, brauchst du dich nicht zu wundern, wenn sie dich irgendwann beim Schwarzfahren erwischen.

schwaddronieren
siehe: sabbeln, schnäbbeln

Schwappes
Prügel
Eines Tages, und datt hatt dä Wirt auch schon gesacht, kricht dä Otto ma Schwappes anne Theke, weiler im Dunas nur am stänkern iss.
Eines Tages, und das sagte der Wirt auch schon, bekommt der Otto mal Prügel, weil er im alkoholisierten Zustand dauernd stänkert.

schwatt
schwarz
Musse einklich immer recht ham, kannße nich ma Dein Unrecht einsehn? Du kannß doch nich sagen, die Kohle iss weiß, wennse schwatt iss.
Mußt du eigentlich immer recht haben, kannst du nicht einmal dein Unrecht einsehen? Du kannst doch nicht sagen, die Kohle ist weiß, wenn sie schwarz ist.

Schweißmauken

Schweißfüße

Sicher sind Schweißmauken Probleme, abber die kamman doch innen Griff kriegen, wie wär datt denn ma mit öfter waschen oder middem guten Gesundheitsspray? Datt iss ja nich auszuhalten fürde Umgebung, wenn die Mauken dermaßen qualmen, da gehn die Fliegen sogar drann kaputt.

Sicher sind Schweißfüße Probleme, aber die kann man in den Griff bekommen. Wie wäre es denn mit häufigerem Waschen oder mit einem guten Gesundheitsspray? Das ist ja nicht auszuhalten für die Umgebung, wenn die Füße dermaßen stinken, davon gehen die Fliegen sogar ein.

schwubbelich

schwindelig

Isset dir öfter so schwubbelich, Ute? Bisse vielleicht in Umständen?

Ist es dir öfter so schwindelig, Ute? Bist du vielleicht schwanger?

seiken

pinkeln, urinieren, siehe: strullen

Seikscherbel

jemand, der nach Urin stinkt/riecht

Kannß ja auch ma narem Dockter gehn, wenne ne schwache Blase hass, ne? Kein Wunder, dattse dich immer als Seikscherbel tettuliern.

Du kannst ja einmal zum Arzt gehen, wenn du eine schwache Blase hast, nicht wahr? Kein Wunder, daß sie immer sagen, du stinkst nach Urin.

Senge

Haue, Schläge

Hasse Ankst, mit datt miserable Zeuchniss nach Haus zu gehn? Musse immer denken: »Senge vergeht, Arsch besteht.«

Hast du Angst, mit dem miserablen Zeugnis nach Hause zu gehen? Du mußt immer denken: »Schläge vergeht, Arsch besteht«.

Sesselmüffer

Beamter

Als Sesselmüffer isser Spitze, abber vonn Ackerbau und Viehzucht hadder null Ahnung, auch vonn sonß nix aufde Welt. Und bei seine Olsche, da stehder unterm Schlappen.

Als Beamter ist er Spitze, aber von Ackerbau und Viehzucht hat er keine Ahnung, auch von sonst nichts auf der Welt. Und bei seiner Frau, da steht er unter dem Pantoffel.

Sockenschuss

betrunken sein

Kuck ma, unser Bubi, middem leicht ondulierten Gang verräter uns, dadder schonn widder en Sockenschuss hatt.

Schau mal, unser Bubi, durch seinem leicht schwankenden Gang verrät er uns, daß er schon wieder betrunken ist.

Söck

Socken

Da bisse glatt vonne Söck, hatt dä Bengel doch sein Taschengeld schonn am Zehnten restlos verbraten!

Da staunst du, hat der Bengel doch sein Taschengeld schon am Zehnten restlos ausgegeben.

Söffken
siehe: Säufken

so effkes
soeben
Die Wäsche habbich noch so effkes draußen trocken gekricht, da finget an zu plästern.
Die Wäsche habe ich noch soeben draußen trocken bekommen, da fing es an zu regnen.

Sörken
siehe: Subbeltrutsch

so laten
so weit
So, ett iss so laten, wir kriegen endlich ne neue Wohnung.
So, es ist so weit, wir bekommen endlich eine neue Wohnung.

Soneff
männliches Geschlechtsteil, auch: Schniedewutz
Immer pinkelße daneben, wenne ein' geschnasselt hass, kannße dein' Soneff nich ma grade halten?
Immer machst du daneben, wenn du getrunken hast, kannst du den Penis nicht gerade halten?

spachteln

essen

Spachteln und supen hält Leip und Seele zusammen.

Essen und trinken hält Leib und Seele zusammen.

Spack

dünn, mickerig

Dä Ferdi wa als Blaach schonn so spack, ich kenn den ga nich anders als wie ne wandelnde Bohnenstange. Dä kricht auch kein Speck mehr aufde Rippen, dafür iss dä viel zu wispelich.

Der Ferdinand war schon als Kind so dünn, ich kenne ihn nur als Bohnenstange. Er bekommt auch keinen Speck mehr auf die Rippen, dazu ist er viel zu rappelig.

Spalucken

Penner, Nichtseßhafte, Streuner, Asoziale

Durjem Park kannße auch schonn bald nich mehr gehn. Da wimmelt ett vonne Spalucken, alle schönen Bänke sind besetzt, die leeren Pullen vonnem Unterrockstürmer liegen in Scherben da rumm und blöd angelabert wirße auch noch.

Durch den Park kannst du auch schon bald nicht mehr gehen. Da wimmelt es von Pennern, alle schönen Bänke sind besetzt, die leeren Flaschen vom billigen Wermut liegen in Scherben herum und blöde angesprochen wirst du auch noch.

Spannemann

Spanner

Datt wird immer schlimmer, gezz kannße schonn nich mehr ma middem Ollen aufde Parkbank sitzen und en bissken verweilen. Zum sexten Ma kommt da schonn sonn Kerl vobbei, wenn datt kein Spannemann iss, fress ich en Besen, middem Stiel.

Das wird immer schlimmer, jetzt kannst du schon nicht mal mehr mit deinem Mann auf der Parkbank sitzen und ein wenig verweilen. Zum sechsten Mal schon kommt da ein Kerl vorbei, wenn das kein Spanner ist, fresse ich einen Besen, mitsamt dem Stiel.

Spillen

alte Möbel, alter Hausrat, alte Einrichtungsgegenstände

Datt wird abber auch Zeit, datt die ollen Spillen endlich auwen Sperrmüll landen, datt sind ja noch Vorkriechsmodelle.

Das wird aber auch Zeit, daß die alten Möbel endlich auf dem Sperrmüll landen, das sind ja noch Vorkriegsmodelle.

Spinnewippken

dünnes mageres Kind

Datt Kind kann mampfen waddet will, datt iss und bleipt en Spinnewippken.

Das Kind kann essen was es will, es ist und bleibt mager.

spinzen

heimlich gucken, versteckt etwas beobachten

Die hinter de Gardinen stehn und spinzen, datt sind die richtigen, da nimm dich vor in acht.

Die hinter den Gardinen stehen und alles heimlich beobachten, das sind die richtigen, vor denen nimm dich bloß in acht.

Spirenzkes (machen)
übertriebenes Getue, für Nichtigkeiten einen Zwergenaufstand machen
Lass die Spirenzkes, du machß ausem Mücksken en Ellefant.
Laß das übertriebene Getue, du machst aus einer Mücke einen Elefanten.

spirrich
klein
Die Balkongblumen sind dies' Jahr auch so spirrich. Datt nächste Ma werdense widder beim Gärtner gekauft, und nich innem Supermarkt, nur weilse en paa Pennige billiger sind.
Die Balkonblumen sind in diesem Jahr auch ziemlich klein. Das nächste Mal werden die wieder beim Gärtner gekauft und nicht im Supermarkt, nur weil sie da ein paar Pfennige billiger sind.

Spökes
Spaß
Wenne ne Fête hass, dann musse unbedinkt dä Dittma einladen, dä macht so richtich Spökes. Da brauchße kein Programm, dä macht datt bissken schonn allein.
Wenn du eine Fête hast, mußt du unbedingt den Dietmar einladen, der macht so richtig Spaß. Da brauchst du kein Programm, der macht das bißchen schon alleine.

Stampe
Spelunke, Bums, billige Kneipe
Datt kamman schonn vonn draußen sehn, watt datt fürne Stampe iss, da stehn mit Sicherheit dreihundert Jahre Zuchthaus anne Theke.
Das kann man schon von draußen sehen, was das für eine Spelunke ist, da stehen mit Sicherheit dreihundert Jahre Zuchthaus vor der Theke.

Stenz
Aufreißer, brutaler Typ, auch: Zuhälter, auch: Weiberheld
Und dä liebe Gott läßtse alle leben, auch dä Stenz, dä sich vonn datt Lotti aushalten läßt. Pennt biss inne Puppen rein, iss aams abber immer geschniegelt wien Affe, abber vor ne geregelte Maloche gehder stiften, als wär dä Deuwel hinter em her.
Und der liebe Gott läßt sie alle leben, auch den Weiberheld, der sich von Lotti aushalten läßt. Er schläft endlos lange, ist abends aber immer geschniegelt wie ein Affe, aber vor einer geregelten Arbeit läuft er davon, als wäre der Teufel hinter ihm her.

Sterz
siehe: Stett, Schwanz

Stett
Schwanz
Wenn dä Keiloff middem Stett wackelt, dann freuder sich. Tut datt abber ne Katze, dann isse wütend und so richtich auf Sturm.
Wenn der Hund mit dem Schwanz wedelt, dann freut er sich. Macht das gleiche aber die Katze, dann ist sie wütend und so richtig auf Sturm.

Stibbelfüttken
wackelndes Hinterteil, auch wenn beim Karnevalstanz zwei Füttkes (zwei Hintern) aneinanderreiben
Dä Stibbelfüttkentanz gehört innen Karneval wie dä Zuckerhut nach Rio in Brasieljen.
Der Tanz der Wackelhinterteile gehört zum Karneval wie der Zuckerhut zu Rio in Brasilien.

stickum

leise, hinten herum, heimlich, auch »stickes« genannt

Datt Stickumme, datt muße dir ma beizeiten appgewöhnen, sach gradeaus watt ambach iss, da fährße immer am besten mit.

Das Heimliche, das mußt du dir mal beizeiten abgewöhnen, sag geradeheraus was los ist, damit fährst du am besten.

Stiesel

ein steifer, unhöflicher, wortkarger Mensch (Mann)

Datt iss und bleipt en Stiesel, den krempelt keiner um, dä weiß nix mit sich anzufangen, iss ewich mürrisch, gereizt und immer nur kurz app.

Der war schon immer so steif, das ist und bleibt er auch, den krempelt niemand um, der weiß nichts mit sich anzufangen, ist ewig mürrisch, gereizt und dauernd nur kurz angebunden.

Stiftekopp

jemand mit ganz kurz geschnittenen Haaren (Messerschnitt)

Lass bloß deine Flusen widder waxen, middem Stiftekopp siehße aus wie Kalla Arsch.

Lasse bloß deine Haare wieder wachsen, mit dem Messerschnitt siehst du unmöglich aus.

stiften gehen
laufen gehen, davonlaufen, abhauen, siehe: retterieren gehen

Stinna
Abkürzung von Christina, auch Bezeichnung beim Kegeln
Da wird datt Stinna immer fuxdeuwelswild, wenn ihre Mudder se so nennt. Dabbei iss datt nur ne Appkürzung und ganz liebevoll gemeint. Genau so iss datt bei unser Petra, die ruf ich auch so gern Anna, und datt iss wirklich nur ganz liep gemeint. Abber junge Leute ham nu ma nix im Sinn mitte uralten Namensappkürzungen.
Da wird Christina immer fuchsteufelswild, wenn ihre Mutter sie Stinna nennt, dabei ist das nur eine Abkürzung und ganz lieb gemeint. Genau so ist das bei unserer Petra, die rufe ich auch so gerne Anna, und das ist wirklich nur ganz liebevoll gemeint. Aber junge Leute haben nun mal nichts im Sinn mit uralten Namensabkürzungen.

Stocheisen
Feuerhaken
Watt en Stocheisen iss, weiß heut kein Mensch mehr, wer stocht denn heut noch mitte Kohlen? Ett sei denn, einer hadden offenen Kamin.
Was ein Feuerhaken ist, weiß heute kein Mensch mehr, wer heizt denn heutzutage noch mit Kohlen? Es sei denn, jemand hat einen offenen Kamin.

Stöfken

gelöchertes Gefäß mit einer Kerze, die man anbrennt, zum Warmhalten von Kaffee, Tee oder ähnlichem

Biss datt dä Vadder aufsteht, kommt dä Kaffee auwet Stöfken, sonß bandust dä widder, dadder kalt iss.

Bis der Vater aufsteht, wird der Kaffee auf die Warmhaltevorrichtung gestellt, sonst meckert er wieder, daß der Kaffee kalt ist.

Stoof

Zank, Streit, Zoff

Ich möcht datt ma eima erleben, datt datt kein Stoof im Bau gippt, wenn ihr beiden Zankäppel auwenander trefft! Denkter einklich nich ma dadrann, dadder Geschwister seid?

Ich möchte es einmal erleben, daß es keinen Streit gibt im Haus, wenn ihr beiden Zankäpfel aufeinandertrefft! Denkt ihr eigentlich nicht daran, daß ihr Geschwister seid?

Stoppendrieter

liebevoll für: kleiner Junge, braver lieber Junge

Euern Stoppendrieter, den verwahr ich gern ma für en paa Stüntkes, dä iss brav und macht übberhaupt keine Schwierichkeiten.

Euren lieben Jungen hüte ich gerne einmal für ein paar Stündchen, der ist brav und macht überhaupt keine Schwierigkeiten.

Strang

Angst, Respekt

Wenn dä Saupenz vor keinem Strang hatt, abber vor sein' Vadder.

Wenn der Flegel vor niemandem Respekt hat, aber vor seinem Vater.

stratzen, en stratz machen

rennen, abhauen, sich verdrücken

Mach en Stratz, dich hammer lang genuch gesehn.

Hau ab, dich haben wir lange genug gesehen.

Strenge (über die Strenge hauen)

über den Zapfen hauen, übers Ziel hinausschießen, auch: zu spät kommen

Bei Kossloffskis iss Strom inne Tapeten, dä Olle hatt ma widder beim Kegeln übber de Strenge gehauen.

Bei Koslowskys gibt es Streit, er hat beim Kegeln wieder einmal über die Strenge geschlagen.

Strichbesen

Herumstreuner, jemand der dauernd auf Trab ist, herumgammelt, herumläuft, umherzieht (hat nichts mit dem sogenannten Strich, mit auf den Strich gehen zu tun)

Datt Jutta iss doch vielleicht en Strichbesen, für nix hattse Intresse, dauernd isse am rummgondeln.

Jutta ist vielleicht eine Herumstreunerin, für nichts zeigt sie Interesse, dauernd streunt sie herum.

Strickspönkes

Streichhölzer, Zündhölzer

Versteck bloß die Strickspönkes, datt die Blagen da nich drannkommen, da iss schonn allehand Blödsinn mit verzappt worden.

Verstecke bloß die Zündhölzer, daß die Kinder da nicht herankommen, damit ist schon allerhand Blödsinn angestellt worden.

ströpen (gehen)

flanieren gehen, bummeln gehen, spazieren gehen

Wo gehße hinn? Ma kucken, en bissken rummströpen inne Stadt ma bei unser Tann Hettwich vobbei und vielleicht noch en bißken anne Ruhr.

Wo gehst du hin? Mal sehen, ein wenig bummeln in der Stadt und bei unserer Tante Hedwig vorbei und vielleicht noch ein wenig an der Ruhr entlang.

Ströpp

Aufhänger an Kleidungsstücken

Näh bloß ma bald dä Ströpp anne Jacke an, datt sieht vielleicht aus, wenn dä da hinten rauskuckt.

Nähe bloß bald mal den Aufhänger an der Jacke an, das sieht vielleicht aus, wenn der hinten herausguckt.

Ströppken

kleines munteres aufgewecktes Kind, auch: Stöppken

Datt Ströppken, datt geht schonn alleine einkaufen, ohne daddet en Zettel mitkricht.

Allein und ohne Zettel geht das aufgeweckte Kind schon einkaufen.

Strott

Hals, auch: Günsel

Die aamen Gänse, kurz vor Sankt Martin kriegense dä Strott appgedreht.

Die armen Gänse, kurz vor Sankt Martin bekommen sie den Hals umgedreht.

Strüngel

Strunk, siehe: Schlotfix

Datte mir ja dä Strüngel ausem Kappes rausschneideß!

Daß du mir ja den Strunk aus dem Kohl herausschneidest!

Strüßken

lose lebendes Mädchen, die es mit allem nicht sonderlich ernst nimmt

Musse jeden Tach middem andern Jung rummschlawenzeln, du Strüßken?

Mußt du jeden Tag mit einem anderen Jungen herumturteln, du Lose, du?

strullen

siehe: meimeln, pinkeln, urinieren

Strulli

Pisser, abwertend für jemanden, der nichts taugt, auch: Bettnässer

Datt iss abber nich schön, datte den als Strulli ausschimfß, dä macht doch nich extra int Bett, datt is krankhaft bei dem, da kann dä auch nix für. Watt meinße, watt dä sich dafür schämt.

Das ist aber nicht schön, daß du ihn als Bettnässer ausschimpfst, er macht doch nicht extra ins Bett, das ist krankhaft bei ihm, dafür kann er auch nichts. Was meinst du, was der sich dafür schämt.

strunzen
angeben, auch: aufschneiden
Ja, strunzen konnder immer schonn wien Sack Seife, nur hinterde Kulissen, da iss nix, rein ga nix.
Ja, angeben wie ein Sack Seife, das konnte er schon immer, aber hinter den Kulissen, da ist nichts, rein gar nichts.

Stümmel
Zigarettenkippe
Drück dä Stümmel ma richtich aus, sonß brennen die andern Stümmel innem Aschenbecher mit an. Watt meinße, watt datt stinkt.
Drücke die Zigarettenkippe richtig aus, sonst brennen die anderen Kippen mit an. Was meinst du, wie das stinkt.

Stumarrest
Hausarrest, Stubenarrest, Ausgangsverbot
Acht Tage Stumarrest hasse gezz weck und Zeit genuch, ma dadrübber nachzudenken, datt man keine Tiere quält.
Acht Tage Hausarrest bekommst du und Zeit genug, einmal darüber nachzudenken, daß man keine Tiere quält.

stupsen
schubsen
Stupsense mich nich so, ett iss für alle watt da am kalten Büffett.
Schubsen Sie mich nicht so, es ist für alle etwas da am kalten Buffett.

Subbeltrutsch

unreinliche Mädchen oder Frauen, die es mit der Sauberkeit nicht allzu genau nehmen, unhygienisch

Aufde Rolltreppe im Kaufhaus isset mir fast schlecht geworden. Da wa doch vor mir sonne Subbeltrutsch, die stank, als wennse en toten Vogel inne Täsch hätt.

Auf der Rolltreppe im Kaufhaus ist es mir fast schlecht geworden. Da war doch vor mir eine unsaubere Frau, die stank, als wenn sie einen toten Vogel in der Tasche hätte.

süppeln

saufen (Alkohol)

Ich happ ja nix dagegen, wenner sich ein' süppelt, abber die Grenzen, die musser kennen, denn ewich hadder in letzter Zeit dä Arsch voll biss am Stehkragen.

Ich habe ja nichts dagegen, wenn er etwas trinkt, aber die Grenzen, die muß er kennen, oft ist er in letzter Zeit total betrunken.

Summse

Insekt, Fliege, Mücke, Wespe, alles was fliegt und summt, siehe: Brummsummse

T

Taberassa

Krawall, Rabatz, Lärm, laut

Nä, sonn Taberassa iss nix mehr fürn Günner! Seidem dä datt anne Pumpe hatt, musser kürzer treten. En bissken Spässken ja, abber nix mehr lautes.

Nein, so viel Rabatz ist nichts mehr für den Günter! Seitdem er es am Herzen hat, muß er kürzer treten. Ein bißchen Spaß ja, aber nichts mehr lautes.

Tach

Tag

Dä kann auch nich ma Tachzeit sagen, dä Lackaffe, nur weiler en paa Kröten mehr verdient als unsereins.

Der kann auch nicht einmal die Tageszeit sagen, der Lackaffe, nur weil er etwas mehr Geld verdient als unsereins.

tachteln

klatschen, knallen (eine)

Wenne noch eima unser Erna hauß, dann krisse auch eine getachtelt, dann schreiße abber nach Vadder und Mudder.

Wenn du noch einmal unsere Erna schlägst, dann bekommst du auch eine Ohrfeige, dann schreist du aber nach Vater und Mutter.

Tackelei
siehe: tackeln (flanieren gehen)

tackeln (gehen)
spazieren gehen, flanieren gehen, laufen
Atsche geht mitte Blagen oft tackeln, abber wennet heißt Skatspielen, isser nich mehr zu halten.
Arthur geht mit den Kindern gerne spazieren, aber wenn es heißt Skatspielen, ist er nicht mehr zu halten.

Tacken
ein Zehnpfennigstück
Beim Sparn musse middem Tacken anfangen, Kleinvieh macht auch Mist, sollß ma sehn, tu ma Tacken bei Tacken, watt meinße, watt sich die schnell anhäufen?
Beim Sparen mußt du mit dem Zehnpfennigstück anfangen, Kleinvieh macht auch Mist, du sollst mal sehen. Sammle die Zehnpfennigstücke, was meinst du, wie schnell die sich anhäufen.

Täsch
Tasche, auch: Ach, leck mich doch inne Täsch (Ach, leck mich doch am Arsch)
Wenne einkaufen gehß, mach schön die Täsch zu, dattse dir nix da raus klemmen.
Wenn du einkaufen gehst, schließe schön die Tasche, daß man dir nichts daraus stiehlt.

tafeln (eine)
siehe: tachteln

Tann
Tante
Tann Ulli iss sonne richtige liebe Tiermudder! Alles watt an Tierkes rummkreucht und fleucht, die krank oder ausgesetzt sind, nimmtse auf, päppeltse hoch und kuckt zu, dattsese widder in gute Hände unterbrinkt. Gäbet doch bloß mehr davonn!
Tante Ulli ist so eine richtige liebe Tiermutter! Alles was an Tieren herumkreucht und fleucht, die krank sind oder ausgesetzt, nimmt sie auf, päppelt sie hoch und schaut zu, daß sie sie wieder in gute Hände unterbringt.

Taum
Tauben, siehe: Duwen

Taumvadder
Taubenvater
Taumvadders Jupp iss dä Größte im Revier, 47 Sieger hadder im Schlach. Wenne bei dem Duwen kaufß, bisse nich beschissen.
Josef, der Taubenvater ist der Größte im Revier, 47 Sieger hat er im Schlag. Wenn du bei ihm Tauben kaufst, bist du nicht betrogen.

teckeln
siehe: tackeln

Teita
mit dem Kind spazieren gehen (Kindersprache)
So, Schnubbel, gezz gehße mitte Mamma teita, und dann krisse en lecker Eis.
So, Schätzchen, nun gehst du mit der Mama spazieren und bekommst ein leckeres Eis.

Terwen
Zehen
Iss dä Kalleinz doch inne Badeanstalt vonne Biene gestochen worden, dreckt auwen dicken Terwen.
Ist der Karl-Heinz doch in der Badeanstalt von einer Biene gestochen worden, direkt auf den dicken Zeh.

tippeln
siehe: tralben

titschen (an)
leichter Stoß
Wetten, datt die Billjardkugel nich innet Loch geht, wennese nich antitscht?
Wetten, daß die Billardkugel nicht ins Loch geht, wenn sie keinen leichten Stoß bekommt?

töffte
prima, gut, Spitze, Klasse, sauber, super
Töffte hasse datt gemacht, Wolfgang, datte middem Vadder datt Holzhüssken gebaut hass.
Prima hast du das gemacht, Wolfgang, daß du mit dem Vater das Holzhäuschen gebaut hast.

Töte

Kaffeeflasche aus Aluminium, meist Behälter für den Arbeiter (in der Regel Bergmann), der sich Kaffee, Tee, o. ä. von zu Hause mitnahm

Ham die verdammten Bajuffen w i d d e r meine Töte gefilzt, abber datt hört gezz auf, gezz wird mein Name inne neue Töte eingeritzt.

Haben die verdammten Übeltäter w i e d e r meine Kaffeeflasche gestohlen, aber das hört nun auf, jetzt wird mein Name in die neue eingeritzt.

traatschen

klatschen, über andere Leute herziehen, siehe: Kladderadaatsch

Trabbel

Ärger, siehe: Stoof, auch: Pallaver

Tränentier

Schlafmütze, träge, langsam

Watt bisse doch vonn Tränentier, ede datte ma so inne Gänge kommß, iss dä Vormittach gelaufen.

Was bist du doch für eine Schlafmütze, ehe du endlich in die Gänge kommst, ist der Vormittag gelaufen.

tralben

lange zu Fuß marschieren, spazieren, laufen, wandern

Gezz tralbich schonn zwei Stunden durchde Gemeinde, meinße nich, datt man datt auch übbertreiben kann? Du machß datt schonn jahrelang mitte Wanderei, abber ich datt erste Ma! Komm laß uns ma ne Rast einlegen, sonß willich aufde Stelle en Taxi.

Jetzt wandere ich schon zwei Stunden durch die Gemeinde, meinst du nicht, daß man es auch übertreiben kann? Du machst das schon jahrelang mit der Wanderei, aber ich das erste Mal, komm, laß uns mal eine Rast einlegen, sonst will ich auf der Stelle ein Taxi.

Tranfunzel

siehe: Tränentier

Treck

Trieb, Drang

Wenn en Kerl kein' Treck nach Haus hatt, liecht datt meistens anne Olsch.

Wenn ein Mann nicht den Drang verspürt, nach Hause zu gehen, liegt das meistens an der Frau.

trecken

zerren, ziehen

Treck dich ann, um halp müssen wir gehn, dä Zuch waatet nich auf uns.

Zieh' dich an, um halb müssen wir gehen, der Zug wartet nicht auf uns.

Trecker
Traktor
Wenn dä Bur middem Trecker kommt und datt Kornfeld iss appgemäht, dann baut dä Pappa en Luffogel für dä Jung, datt iss versprochen, ganz ährlich.
Wenn der Bauer mit dem Traktor kommt und das Kornfeld ist abgemäht, dann baut der Papa einen Luftvogel für den Jungen, das ist versprochen, ganz ehrlich.

Treesken
siehe: Strüßken

Tröte
Kindertrompete
Wenne dem Penz zu Weihnachten wirklich ne Tröte schenkß, dann dreh ich durch! Vonn vorges Jahr die Trommel reicht.
Wenn du dem Kind zu Weihnachten wirklich eine Kindertrompete schenkst, dann drehe ich durch! Vom vergangenen Jahr die Trommel reicht.

Troppen
Tropfen
Pass auf, datt kein Troppen daneben geht, Wimm, datt wär schad für datt schöne Gesöff.
Paß auf, daß kein Tropfen daneben geht, Wilhelm, das wäre zu schade um das schöne Getränk.

Trulla
weibliches Wesen, das nicht viel Wert auf Äußerlichkeiten legt, auch: alte, stark lädierte Puppe
Kuck ma die Trulla, wie die widder rummläuft, dabbei iss datt sonn nett Mädchen.
Schau mal, wie dieses Weib wieder herumläuft, dabei ist das so ein nettes Mädchen.

Trutschka
siehe: Trulla

Tucke
altmodische Frau, zickiges Mädchen
Meinße, die alte Tucke grüßt? Die tut so, als wennse ne Gräfin wär.
Meinst du, die zickige Frau grüßt? Sie tut so, als wäre sie eine Gräfin.

Tucktuck
Huhn (Kindersprache)
Mamma, Mamma, unser Tucktuck hatt schonn widder en Ei geleecht.
Mutti, Mutti, unser Huhn hat schon wieder ein Ei gelegt.

Tülle
siehe: Trulla, Trutschka

türmen gehen
stiften gehen, siehe: retterieren gehen

tuppen
tupfen, auch: betuppen (betrügen, bescheißen, beseibeln)
Die Prummen musse vorher apptuppen, eh dattese auwen Kuchen tuß, sonß weicht dä Boden durch.
Die Pflaumen mußt du vorher abtupfen, ehe du sie auf den Kuchen legst, sonst weicht der Boden auf.

Tussi

Mädchen, Freundin

Gezz noch die richtige Tussi für mein' heißen Ofen, und die Welt iss in Ordnung.

Jetzt noch die richtige Freundin für meinen heißen Ofen, und die Welt ist in Ordnung.

U

üsselich
ungepflegt, nicht sauber, unhygienisch, angestaubt, etwas schmutzig
Datt Hemd willße doch wohl nich mehr antrecken! Datt iss ja schonn üsselich, datt kommt inne Waschmaschine.
Das Hemd willst du doch wohl nicht mehr anziehen! Das ist ja schon etwas schmutzig, das kommt in die Waschmaschine.

Ullifurz
kleines Kind, kleinwüchsiger Mensch, Zwerg
Watt denn, für sonn Ullifurz hasse Ankst? Dä kann doch kaum übbern Borstein kucken.
Was denn, vor so einem Zwerg hast du Angst? Der kann doch kaum über den Bordstein sehen.

Ulliger
siehe: Ullifurz

Unterrockstürmer
billiger Wermut
Und datte nich widder middem Unterrockstürmer ankommß, hol en vernünftigen Wermut.
Und daß du nicht wieder mit so einem billigen Wermut ankommst, hole einen vernünftigen Wein.

Ursel
das Nesthäkchen in der Familie, Baby, kleines Kind
Nur weilet dä Ursel iss, wirder immer vorgezogen und desshalp isser auch immer so frech.
Nur weil es das Nesthäkchen ist, wird es immer vorgezogen, deshalb ist es auch immer so frech.

urselich
klein, winzig, niedlich, siehe: Ursel

V

Vadder
Vater
Opp die Blagen heut' en Vadder ham, iss nich mehr so wichtich, die Hauptsache iss, datt die Mudder ihrn Lebenskammerad hatt. Dä widderum kann sich appstreichen wanner will, hatt ja keine feste Bindung, ne? Schrecklich sowatt!
Ob die Kinder heutzutage einen Vater haben, ist nicht mehr so wichtig, die Hauptsache ist, die Mutter hat ihren Lebenskamerad. Der wiederum kann gehen, wann er will, er hat ja keine feste Bindung, nicht wahr? Schrecklich so etwas!

veräppeln
verarschen, siehe: vernatzen

verbimsen
siehe: verkammesöhlen

verbraten
siehe: verplästern

verbrettern
siehe: verplästern

verbummfiedeln
beibringen, wiederholt
Datt musse dem middem Gummimottek verbummfiedeln, sonß rafft dä datt nich.
Das mußt du ihm mit dem Gummihammer beibringen, sonst versteht er das nicht.

verdellich

verdammt, verflucht

Verdellich nomma, watt iss datt ne intelligente Maus! Anne Falle gehtse nich drann, abber inne Schränke, da räumtse gehörich auf.

Verdammt nochmal, was ist das für eine intelligente Maus! In die Falle geht sie nicht, aber in den Schränken, da räumt sie gehörig auf.

verdötscht

verformt, eingedüllt, eingedrückt

Watt hasse denn da fürn Hut auwen Kopp? Dä iss bestimmt vonn vierzehn/achtzehn, und dä iss ja sowatt von verdötscht, dä sieht fast aus wien Pisspott.

Was hast du denn da für einen Hut auf dem Kopf? Der stammt bestimmt von vierzehn/achtzehn und ist so verformt, daß er fast wie ein Nachttopf aussieht.

verdorrich

siehe: verdellich

verdummdeuweln

siehe: vernatzen

verhohnepiepeln

siehe: vernatzen

verkackeiern
siehe: vernatzen

verkammesöhlen
verhauen, schlagen, verprügeln
Wie kannße die Katze verkammesöhlen, nur weilse die rohe Leber vonnem Tisch geklaut hatt? Erstens brauchße die Leber ja nich offen stehn lassen, wode weiß, datt die Katzen rattendulski auf sowatt sind, und zweitens musse ja wohl langsam wissen, datt datt Klauen vonne Katzen ganz natürlich iss, datt liecht eben so inne Natur, und drittens wissen Katzen ga nich, warumse verkammesöhlt werden, desshalp wirße auch merken, dattse immer widder klauen. Also, laß datt Tier demnächst inne Ruhe, sonß krisse datt mit mir zu tun.
Wie kannst du die Katze verprügeln, nur weil sie die rohe Leber vom Tisch gestohlen hat? Erstens brauchst du die Leber ja nicht offen stehen zu lassen, wo du weißt, daß Katzen verrückt nach so etwas sind, und zweitens mußt du ja wohl langsam wissen, daß das Stehlen bei Katzen ganz natürlich ist, das liegt eben so in der Natur, drittens wissen Katzen gar nicht, warum sie verprügelt werden, deshalb wirst du auch merken, daß sie immer wieder stehlen. Also, laß das Tier demnächst in Ruhe, sonst bekommst du es mit mir zu tun.

verkasematuckeln
geben, auch: contra, Streich spielen, Seitenhieb
Dem habbich ein' verkasematuckelt, da denkt dä in zehn Jahr'n noch drann.
Dem hab' ich es gegeben, daran denkt er in zehn Jahren noch.

verkimmeln

verlieren

Datt iss noch viel zu wenich, watte beim Pokern verkimmelt hass! Man müßte dich so empfindlich schröppen, datte ma für alle Zeiten die Schnauze voll hass, und datte ma kapierß, datt datt Glücksspiel aufde Dauer nix brinkt, abber auch ga nix.

Das ist noch viel zu wenig, was du beim Pokern verloren hast! Man müßte dich so empfindlich schröpfen, daß du für alle Zeiten genug hast, und daß du mal kapierst, daß das Glücksspiel auf Dauer nichts bringt, aber auch gar nichts.

verkinschen (am)

verkalkt, senil

Da musse nich drübber lachen, wenn dä olle Neumann immer sonn Scheiß vertellt und alles dabbei durjenander schmeißt, dä iss doch schonn am verkinschen.

Du sollst nicht darüber lachen, daß der alte Neumann immer Unsinn erzählt. Er ist doch schon verkalkt.

verklickern

beibringen, erklären

Wie oft musse datt noch verklickert kriegen, datt sonntachs datt Essen pünktlich um zwölf Uhr auwem Tisch steht?

Wie oft muß ich dir noch beibringen, daß sonntags das Essen pünktlich um zwölf Uhr auf dem Tisch steht?

verkohlen
schwindeln, belügen
Hömma, für beknackt halten lassich mich nich, du hass mich schomma verkohlt, meinße ich merk datt nich? Lass datt in Zukunft sein, sonß hasse bei mir für alle Zeiten verschissen, iss datt klar?
Hör mal, für verrückt halten lasse ich mich nicht! Du hast mich schon einmal beschwindelt, meinst du, ich merke das nicht? Unterlasse das in Zukunft, sonst hast du bei mir für alle Zeiten ausgespielt, ist das klar?

vermispeln
siehe: verkammesöhlen

vernatzen
verschaukeln, verarschen, hänseln, aufziehen
Vernatzen kannich mich alleine, da brauch ich dich nich für, merk dir datt!
Verschaukeln kann ich mich alleine, dazu brauche ich dich nicht, merke dir das!

verplästern
ausgeben, (Geld) verbraten, verprassen, verjubeln
So rasant wie datt Heidi die Knete verplästert, so schnell kann datt keiner rannschaffen.
So rasant wie Heidi das Geld verpraßt, so schnell kann das niemand heranschaffen.

verpudeln
siehe: verbumfideln

versaubeuteln
versauen, verderben, vermasseln
Die ganze Maschine mitte Wäsche iss versaubeutelt, nur weil nich aufgepasst wurd' beim Sortiern' und en roter Socken vonnem Hans inne Kochwäsche landete.
Die ganze Maschine mit der Wäsche ist verdorben, nur weil nicht aufgepasst wurde beim Sortieren und ein roter Socken vom Hans in die Kochwäsche geriet.

verschängulieren
entstellen, versauen, verunschönern
Da geht man doch nich mit Ata drann, gezz hasse datt schöne Stück verschänguliert.
Daran geht man doch nicht mit Ata, nun hast du das schöne Stück verdorben.

verscherbeln
siehe: verticken

verschrömmelt
verschrumpft, verschrumpelt, faltig
Für die verschrömmelten Äppel wollense noch Moppen ham? Da müssense noch Schmerzengeld bei rausgeben, wenn die übberhaupt einer mitnimmt, wissense datt auch?
Für die verschrumpelten Äpfel wollen Sie noch Geld haben? Da müssen Sie noch Schmerzensgeld herausgeben, wenn die überhaupt jemand mitnimmt, wissen Sie das auch?

verschütt
weg, verloren, abhanden gekommen, verschwunden
Irgendwie muß datt Bild beim Umzuch verschwunden sein, abber watt willße machen, verschütt iss verschütt.
Irgendwie muß das Bild beim Umzug verlorengegangen sein, aber was willst du machen, was weg ist, ist weg.

vertellen
erzählen, siehe: Vertellerkes

Vertellerkes
Schwätzchen, Geschichten, Erzählungen
Wenn unser Mudder vonn früher Vertellerkes macht, da könndich stundenlang zuhörn.
Wenn unsere Mutter von früher Geschichten erzählt, da könnte ich stundenlang zuhören.

verticken
verkaufen, verscheuern, andrehen, verscherbeln
Alles wird vertickt, die Mauer in Berlin, dä Rasen vonnem Fussballstadion in Rom, nur mein' Ollen kannich nich verticken, dä iss zu alt.
Alles wird verscherbelt, die Mauer in Berlin, der Rasen vom Fußballstadion in Rom, nur meinen Alten, den kann ich nicht verscherbeln, der ist zu alt.

vertubacken
eine runterhauen, Ohrfeige geben
Hör auf, mich anne Haare zu ziehen, sonß krisse eine vertubackt.
Hör auf, an meinen Haaren zu ziehen, sonst bekommst du eine Ohrfeige.

verwixen
siehe: verkammesöhlen

Vögelken
Früchtchen
Wart ma app, Vögelken, wirß schonn sehn, watte davonn hass, wenne die Alten dauernd auwen Aam nimmß, du wirß auch ma alt, schneller, alße denkß.
Warte mal ab, Früchtchen, wirst schon sehen, was du davon hast, wenn du dauernd die Alten auf den Arm nimmst, du wirst auch einmal alt, schneller, als du denkst.

vonn Höcksken aum Stöcksken
von einem Thema auf's andere kommen
Nä, vonn Höcksken aum Stöcksken kommt unser Omma immer, kein Thema disskuttiert se aus, datt hatt die früher nie gemacht. Ich glaup, datt datt altersbedinkt iss, desshalp lassen wir se auch quasseln, die Hauptsache iss ja, wir wissen, wattse will, ne?
Nein, von einem Thema auf's andere kommt unsere Großmutter immer, kein Thema diskutiert sie aus, das hat sie früher nie getan. Ich glaube, das ist altersbedingt, deshalb lassen wir sie auch schwätzen, die Hauptsache ist, wir wissen, was sie will, nicht wahr?

vonne Socken (sein)
baff, erstaunt, perplex
Da wa ich echt vonne Socken, als ich hörte, datt dä Franz und datt Ulla sich scheiden lassen. Ich glaup, die ham die Kappe am qualmen, fümmenzwanzich Jahre verheiratet, und dann sowatt.
Da war ich echt perplex, als ich hörte, daß sich der Franz und die Ulla scheiden lassen. Ich glaube, die sind verrückt, fünfundzwanzig Jahre verheiratet, und dann so etwas.

W

wacker

voranmachen, schnell, hurtig, rasant

Gezz abber wacker, wacker Frollein Hacker mitte Heiraterei, sonß bleimse hocken.

Jetzt aber hurtig, hurtig Fräulein Hacker mit der Heiraterei, sonst bleiben sie hocken.

Waldheini

siehe: Döskopp

Waller

Walter

Waller, watt hasse? Hasse Schwierichkeiten mitte Steuerrückerstattung? Geh ma narem Klaus, dä kennt sich da aus, dä iss beim Finanzamt.

Walter, was hast du? Hast du Schwierigkeiten mit der Steuerrückerstattung? Geh' einmal zum Klaus, der kennt sich da aus, der ist beim Finanzamt beschäftigt.

Watsch

Ohrfeige, Backenstreich, Schlag

En Watsch auwen Hinterkopp erhöht die Intelligenz? Wenn datt ma alle so stimmt?!

Ein Schlag auf den Hinterkopf erhöht die Intelligenz? Wenn das mal alles so stimmt?!

watsches (gibt es)

siehe: Watsch

weihen (gehen)

abhauen, weggehen, das Weite suchen

Kein Wunder, datt dä Ottokar weihen geht, ewich iss seine Olsche am zanken.

Kein Wunder, daß der Ottokar abhaut, ewig ist seine Alte am zanken.

Wemser

großer Brocken, dickes Ding, siehe: Öschi

wetzen

rennen, schnell laufen, flitzen

Gezz wetz ma unsern Vadder hinterher, dä hatt seine Pottmane vergessen. Vonn watt willer sonß einkaufen?

Jetzt laufe mal schnell unserem Vater hinterher, der hat seine Geldbörse vergessen. Wovon will er denn einkaufen?

Wispel

nervöser, unruhiger, nicht stillsitzender/stehender Mensch, überlebhaft

Datt iss ja sonn Wispel, euer Jung, wenne den nomma mitbrinkß, dann halt den bloß unter Kontrolle. Übberall gehder drann, nich eine Minute kanner stillsitzen. Letztens hadder die Wellensittiche fliegen lassen, datt Klopapier ausem Fenster geschmissen und sich so mir nix dir nix ma eben die Videos vonnet Beate angekuckt.

Das ist so ein nervöser unruhiger Geist, euer Junge, wenn du den noch einmal mitbringst, halte den bloß unter Kontrolle. Überall geht er dran, nicht eine Minute kann er stillsitzen. Letztens hat er die Wellensittiche fliegen lassen, das Toilettenpapier aus dem Fenster geworfen und sich so mir nichts dir nichts die Videos von Beate angeschaut.

wispelich
siehe: Wispel

Wixe
siehe: Senge

Wixbürste
Schuhbürste, Wichsbürste
Dich hamse abber ganz schön mitte Wixbürste gepudert, ich verpump doch mein Auto nich, datt musse dir ma grundsätzlich merken: ne Frau, Moppen und en Auto verleiht man nich.
Dich haben sie aber ganz schön mit der Wichsbürste gepudert, ich verleihe doch mein Auto nicht, das mußt du dir einmal grundsätzlich merken: eine Frau, Geld und ein Auto verleiht man nicht.

Woscht

Wurst

Ett iss zum Bebaumflitzen, egal watte vonne Wöschte kaufß, die schmecken alle gleich. Datt macht die Massenproducktzjon, da könnder sagen wadder wollt, wo findße denn heut noch en guten Katzoff?

Es ist zum Kotzen, egal welche Würste du kaufst, sie schmecken alle gleich. Das macht die Massenproduktion, da könnt ihr sagen, was ihr wollt, wo findest du denn heute noch einen guten Metzger?

Wotteln

Möhren, Mohrrüben

Warum datt die Hasen nie ne Brille brauchen? Weiße datt nich? Weilse so viel Wotteln fressen, und Wotteln erhalten die Sehkraft.

Warum die Hasen nie eine Brille brauchen? Weißt du das nicht? Weil sie so viele Möhren fressen, und Möhren erhalten die Sehkraft.

wullachen

körperlich hart arbeiten

Wenne ma dein' Gehirnskasten einschalten würdß, dann brauchße an ein' Tach nich so viel innem Haushalt rummwullachen, datt kamman sich auch einteilen. Also, schalt' datt Denkgehäuse ein, watt meinße, warumme ein hass?

Wenn du einmal dein Gehirn einschalten würdest, dann brauchtest du an einem Tag nicht körperlich so hart zu arbeiten im Haushalt, das kann man sich auch einteilen. Also, schalte dein Denkgehäuse ein, was meinst du, warum du eines hast?

Z

Zachel
Messer
Ja, isset denn möchlich, tonnenweise Zachel im Bau, und kein' iss geschärft.
Ja, ist es denn möglich, tonnenweise Messer im Haus, und keines ist geschärft.

Zappadäus
siehe: Soneff

zappenduster
aus, Schluss, Feierabend, vorbei, auch: es wird Zeit
Gezz iss abber zappenduster mitte Sauferei, wie willße denn nach Haus kommen, etwa aufde Ellbogen?
Jetzt ist aber Schluß mit der Sauferei, wie willst du denn nach Hause kommen, etwa auf den Ellenbogen?

Zappes
Zapfer (Gastronomie)
Ga nich so einfach, en flotten Zappes zu kriegen fürt Schützenfest. Wir ham Sesong, da sind die guten alle ausgebucht.
Gar nicht so einfach, einen flotten Zapfer zu bekommen für das Schützenfest. Wir haben Saison, da sind die guten alle ausgebucht.

zappzerappzappzapp

schnell, eilig, zügig, voran machen, zack-zack

Schomma Spargelschälfrauen inne Sesong gesehn? Zappzerappzappzapp geht datt.

Schon einmal Spargelschälfrauen in der Saison gesehen? Zack-zack geht das.

Zick

Ziege, auch: Bergmannskuh

Datt stimmt nich, unser Omma hatte nich nur e i n e Zick, die hatte immer mehrere, schonn wegen dä Käs und de Milch, und alle hießen immer nur Lotti.

Das stimmt nicht, unsere Oma hatte nicht nur e i n e Ziege, die hatte immer mehrere, schon allein wegen dem Käse und der Milch, und alle hießen immer nur Lotti.

Zimmerflak

Fliegenspray

Gezz im Sommer bisse andauernd mitte Zimmerflak unterweechs, weiß dä Geier, wo datt ganze Ungeziefer herkommt.

Jetzt im Sommer bist du andauernd mit dem Fliegenspray unterwegs, weiß der Geier, wo das ganze Ungeziefer herkommt.

Zinnek

ein neugeborener Junge, Säugling

Iss dä Zinnek nich süß? Und schwatte Haare hadder auch, genau wie sein Pappa.

Ist der kleine Neugeborene nicht süß? Und schwarze Haare hat er auch, genau wie sein Papa.

Zinnober

Pallaver, Aufstand (Zwergen-) auch: viel Lärm um nichts, Theater

Mach nich sonn Zinnober um datt bissken Bauchschmerzen, musse ma kräftich durchkacken, und dä Fall iss erledicht.

Mach nicht so ein Pallaver wegen der leichten Bauchschmerzen, drücke mal kräftig beim Stuhlgang, und der Fall ist erledigt.

Zippel

Zipfel

Dä Zippel vonnem Unterrock dä kuckt schonn widder unterm Kleid vor. Machße datt einklich extra, datt die Kerls dahinnkucken?

Der Zipfel von dem Unterrock schaut schon wieder unter deinem Kleid hervor. Machst du das eigentlich mit Absicht, damit die Männer dorthin schauen?

zippelich

siehe: Zippel

zockeln

siehe: jöckeln

Zuch (auf)

Zug, auf Zug haben, im Griff haben

Mein lieber Scholli, dä hatt seine Blagen abber auf Zuch, vonn wegen antiautoritäre Erziehung, datt geht auch anders, sehder wohl.

Mein lieber Mann, der hat seine Kinder aber im Griff, von wegen antiautoritäre Erziehung, das geht auch anders, ihr seht es wohl.

Zwitsch, auf Zwitsch gehen

flanieren, spazieren, bummeln gehen

Ich muß ma widder ausde Bude, eh datt die Decke runner kommt, ich geh auf Zwitsch, irgendwo hinn.

Ich muß mal wieder heraus aus dem Haus, ehe die Decke herunter kommt, ich gehe bummeln, irgendwohin.

Anhang

Sprachgebräuchliche Worterklärungen

A

aam	arm
alset	als es
anne	an der
annem	an dem
aufde	auf der/die
ausschimfß	ausschimpfst
auwen	auf den
auwem	auf dem
auwet	auf das

B

bedenkß	bedenkst
beide	bei der
beobachteß	beobachtest
bisse	bist du
bleim	bleiben
bleimse	bleiben sie
bleipße	bleibst du
brauchß	brauchst
brauchße	brauchst du
bringder	bringt er
brinkß	bringst

D

daaf	darf
dabbei	dabei
daddem	daß ihm
daddet	daß es
datt	das/daß
dattese	daß du sie
dattse	daß sie
de	die
diese	die sie
drann	dran
dreckt	direkt
drinn	drin
drübber	drüber
durchde	durch die
durjem	durch dem

E

em	ihm
en	ein
erß	erst
ett	es
ewich	ewig

F

findße	findest du
finget	fing es
flooch	flog
freuder	freut er, freut ihr
fürde	für die
fürn	für den

fürne	für eine
fürt	für's

G

ga	gar
gabet	gab es
gehder	geht er
gehße	gehst du
gezz	jetzt
gipp	gib
gippße	gibst du
gippt	gibt
gipptet	gibt es
glaubet	glaube es

H

habbich	hab ich
hadden	hat ihn
hadder	hat er
häddich	hätte ich
hänktse	hängt sie
hättense	hätten sie
ham	haben
happter	habt ihr
hasse	hast du
hatteße	hattest du
hattse	hat sie
hilfße	hilfst du
hilftem	hilft ihm
hinn	hin
hinterde	hinter der
hömma	hör mal

hörder	hört ihr
hütetse	hütet sie

I

inne	in der
innem	in dem
innen	in den
innet	in das
int	ins
iss	ist
isse	ist sie
isser	ist er
isset	ist es

K

kamer	kam er
kamman	kann man
kamse	kam sie
kannen	kann ihn
kanner	kann er
kannet	kann es
kannich	kann ich
kannß	kannst du
kannßese	kannst du sie
kapierß	kapierst
kaufße	kaufst du
knackense	knacken sie
könndem	könnte ihm
könndich	könnte ich
könnense	können sie
könndet	könnte es
komma	komm einmal

kommße	kommst du
kricht	kriegt
krichter	kriegt er
kriegense	kriegen sie
kriss	kriegst
krisse	kriegst du

L

läufß	läufst
lasse	lass sie
lassen	lass ihn
lasset	lass es
lassich	lass ich
lücht	lügt

M

ma	einmal
machense	machen sie
machße	machst du
machßese	machst du sie
marret	mach es
marrich	mach ich
merkense	merken sie
merkter	merkt er
middem	mit dem
mitte	mit der
möchtich	möchte ich
mögense	mögen sie
müssense	müssen sie
musse	mußt du
musser	muß er
mussich	muß ich

N

nachde	nach der
narem	nach dem
ne	eine
nehmense	nehmen sie
nich	nicht
nimmet	nimm es
nimmße	nimmst du
nimmtse	nimmt sie
nix	nichts
nomma	noch einmal
nu	nun

O

obbet	ob es
och watt	ach was
opp	ob
oppwohler	obwohl er
oppwohlse	obwohl sie

P

päppeltse	päppelt sie
pagget	pack es
packße	packst du, auch: packe sie

R

renntse	rennt sie
richtich	richtig
rübber	rüber

rückße	rückst du
ruich	ruhig
runner	runter

S

sach	sag
sachma	sag mal
sachße	sagst du
sachter	sagt er
sarret	sag es
sarrich	sag ich
schawich	schaff ich
schleppße	schleppst du
schonn	schon
schomma	schon einmal
schreiße	schreist du
se	sie
sehder	seht ihr
setzter	setzt er
sindet	sind es
sindse	sind sie
sollet	soll es
sollense	sollen sie
sollich	soll ich
sollße	sollst du
sonne	solche
sonß	sonst
sowatt	sowas
spielß	spielst
spürße	spürst du
stehder	steht er
stehdet	steht es
stellß	stellst
stellße	stellst du

T

tadet	tat es
triffß	triffst
tuder	tut er
tudet	tut es
tuß	tust
tuße	tust du

U

umme	um die
ummen	um den

V

verschütteß	verschüttest
verräter	verrät er
vonn	von
vonne	von der
vonnem	von dem
vonnct	von das
vorde	vor der
vorges	voriges

W

waaße	warst du
wadder	was er
waddet	was es
wäxt	wächst
wanne	wann du
warumme	warum du

warummse	warum sie
watt	was
weile	weil du
weiler	weil er
weilse	weil sie
weilet	weil es
weisich	weiß ich
weiße	weißt du
wenne	wenn du
wenner	wenn er
wennet	wenn es
wennich	wenn ich
wennse	wenn sie
wennsese	wenn sie sie
wiede	wie du
wien	wie ein
wiene	wie eine
wieer	wie er
wiese	wie sie
willer	will er
willich	will ich
willße	willst du
wirder	wird er
wirdse	wird sie
wissense	wissen sie
wisster	wißt ihr
wode	wo du
wodrübber	worüber
wollense	wollen sie
wollensen	wollen sie ihn
wose	wo sie
würdense	würden sie
würdeß	würdest
wußteße	wußtest du
wundernse	wundern sie

Z

zahlße	zahlst du
zapfense	zapfen sie
zeichma	zeige einmal
zeichße	zeigst du
zeiget	zeige es

ZUR AUTORIN

Helga Kanies, geb. am 1. Mai 1936 in Oberhausen/Rheinland, gestorben im Jahre 2002. Schule in Oberhausen, dann Stipendium an der Städtischen Mittelschule Oberhausen. Schulabbruch, mit 17 Heirat. Beruf: Kauffrau. Erste Texte 1979, veröffentlicht in Presse, Funk und Fernsehen. Lesungen in Bibliotheken, Schulen und sonstigen Veranstaltungen. Öffentliche Auftritte mit Liedern und Sprüchen in „Ruhrdeutsch", u. a. in Alfred Bioleks „Mensch Meier". Erstes Buch „Menschenkinder" 1982, zweites Buch „Und datt sarrich Euch" 1985. Erste Schallplatte 1980, es folgten weitere sechs Titel auf LP, MC und Single. Bekannt, geachtet und gefürchtet war sie als dreimalige Deutsche Skatmeisterin über die Grenzen der Bundesrepublik hinaus. Als Kolumnistin schrieb sie derzeit für eine Wochenzeitung „Öperkes in Pöttisch" (Geschichten in Ruhrdeutsch), war Mitglied des „Literaturbüro Nordrhein-Westfahlen, stand dann und wann mit Götz George für „Tatort" vor der Kamera der „Bavaria", und trat öffentlich auf.

Helga Kanies war bekannt für ihre enge Verbundenheit mit ihrer Heimat, dem Ruhrgebiet. Daher sind die meisten Texte dem Revier und seinen Menschen gewidmet.

Ihre Werke stellte sie stets unter das Motto:

Es ist ein widriges Gebrechen,
wenn Menschen wie die Bücher sprechen,
doch gut zu lesen sind für jeden
die Bücher, die wie Menschen reden.

Nachwort

Liebe Leserin, lieber Leser,

ich glaube fest daran, daß Sie nun dem Ruhrdeutsch sowie dem Revier selbst ein erhebliches Stück nähergekommen sind. Bewußt verzichtete die Autorin auf eine hochtrabende revierfremde Ausdrucksweise, um Typisches aus der Region an Rhein und Ruhr nicht zu verfälschen. Hier entstand eine Sammlung, die sich deutlich von allem bisher Erschienenen in diesem Bereich abhebt, in erster Linie durch den ureigenen Mutterwitz der Autorin schmackhaft gemacht, die – selbst ein waschechtes Revierkind – alle begrifflichen Erklärungen so gezielt und treffsicher wiedergibt, daß der kundige Leser in vielen Beiträgen seine eigene Sprache wiedererkennt. Darüber hinaus hat sie ihn sicherlich zum Schmunzeln gebracht, und er wird viele der Beispiele im Dialekt laut nachgesprochen haben . . . zumindest es versucht haben. Für die Autorin war es von größter Wichtigkeit, möglichst begriffliche Erklärungen zu wählen, die nicht zu verallgemeinern sind, die sich im Dialekt deutlich von Redewendungen in anderen deutschen Landschaften unterscheiden.

Mancher Zeitgenosse meint, der Mensch an Rhein und Ruhr, ein Datt- und Wattsager, der mir und mich verwechselt und oft zu Sprachkürzeln greift, sei sprachlich nicht auf der Höhe. Ein gewaltiger Irrtum. Die Wurzeln dieses Übels liegen oft in Vorurteilen, aber auch bei falschen und schlechten Interpretationen des Ruhrdeutschen, bundesweit publik gemacht durch »Kumpel-Typen«, die sich zu allem Elend als Ruhr-Humoristen sehen, im Endeffekt aber mit dem Revier nicht in Zusammenhang gebracht werden wollen. Begreiflicherweise stoßen diese Verfälscher der Autorin sauer auf. Sie betitelt sie schlichtweg als die »größten Verarscher des Ruhrgebietes«, als Schädlinge, geht es um die sprachlichen Darstellungen in Wort und Schrift. Es hat wenig Sinn, auf Kosten der Menschen im Revier mit falschem Ruhrdeutsch hausieren zu gehen und dabei das angeschlagene Image des Reviers noch mehr zu verkratzen. Doch – um der Wahrheit die Ehre zu geben, diese Verunstalter (zu denen sogar Sprachwissenschaftler gehören) spornten unfreiwillig die Autorin erst recht zu ihrer Sammlung an. Sie hat es verstanden, das Ruhrgebiet und seine Bewohner so darzustellen, wie sie wirklich sind: ein buntes Gemisch hart arbeitender, stets gastfreundlicher, grundehrlicher Menschen.

Ich hoffe, Sie hatten Spaß beim Lesen.

Günter Kanies